MEDITAÇÕES PARA MORTAIS

Oliver Burkeman

Meditações para mortais
Quatro semanas para aceitar suas limitações e arrumar tempo para o que importa

TRADUÇÃO
Cássio de Arantes Leite

Copyright © 2024 by Oliver Burkeman
Todos os direitos reservados, incluindo o direito de reprodução integral ou parcial em qualquer formato.

Grafia atualizada segundo o Acordo Ortográfico da Língua Portuguesa de 1990, que entrou em vigor no Brasil em 2009.

Título original
Meditations for Mortals: Four Weeks to Embrace Your Limitations and Make Time for What Counts

Capa
Eduardo Foresti | Foresti Design

Preparação
Gabriela Mekhitarian

Revisão
Luíza Côrtes
Luís Eduardo Gonçalves

Dados Internacionais de Catalogação na Publicação (CIP)
(Câmara Brasileira do Livro, SP, Brasil)

Burkeman, Oliver
 Meditações para mortais : Quatro semanas para aceitar suas limitações e arrumar tempo para o que importa / Oliver Burkeman ; tradução Cássio de Arantes Leite. — 1ª ed. — Rio de Janeiro : Objetiva, 2025.

 Título original : Meditations for Mortals : Four Weeks to Embrace Your Limitations and Make Time for What Counts.
 ISBN 978-85-390-0871-1

 1. Administração do tempo 2. Autorrealização 3. Felicidade 4. Meditações I. Título.

25-249290   CDD-158.1

Índice para catálogo sistemático:
1. Autorrealização: Psicologia 158.1

Cibele Maria Dias - Bibliotecária - CRB-8/9427

Todos os direitos desta edição reservados à
EDITORA SCHWARCZ S.A.
Praça Floriano, 19, sala 3001 — Cinelândia
20031-050 — Rio de Janeiro — RJ
Telefone: (21) 3993-7510
www.companhiadasletras.com.br
www.blogdacompanhia.com.br
facebook.com/editoraobjetiva
instagram.com/editora_objetiva
x.com/edobjetiva

É mais fácil tentar ser melhor do que você é do que ser quem você é.
Marion Woodman

Existe vida antes da morte? Eis a questão!
Anthony de Mello

Sumário

Introdução 11
A vida imperfeita

PRIMEIRA SEMANA: SENDO FINITO

Primeiro Dia 25
É pior do que pensamos: *Sobre a sensação libertadora da derrota*

Segundo Dia 30
Caiaques e superiates: *Sobre realmente fazer algo*

Terceiro Dia 35
É necessário apenas enfrentar as consequências: *Sobre pagar o preço*

Quarto Dia 40
Contra a dívida de produtividade: *Sobre o poder de uma "lista de tarefas feitas"*

Quinto Dia 46
Excesso de informação: *Sobre a arte de ler e de não ler*

Sexto Dia 51
É impossível se importar com tudo: *Sobre permanecer são em um mundo caótico*

Sétimo Dia 56
Que o futuro seja o futuro: *Sobre lidar com os problemas apenas quando eles chegarem*

SEGUNDA SEMANA: AGINDO

Oitavo Dia 63
Ao encalço das decisões: *Sobre escolher um caminho na floresta*

Nono Dia 68
Termine o que começou: *Sobre a magia das coisas concluídas*

Décimo Dia 72
Descubra sua tarefa de vida: *Sobre o que a realidade quer*

Décimo Primeiro Dia 77
Vá ao "quartinho da bagunça" e pronto: *Sobre afeiçoar-se ao que você teme*

Décimo Segundo Dia 82
Regras a serviço da vida: *Sobre fazer as coisas "quase diariamente"*

Décimo Terceiro Dia 87
Três horas: *Sobre se concentrar em meio ao caos*

Décimo Quarto Dia... 91
Crie gosto pelos problemas: *Sobre nunca chegar a uma fase livre de preocupações*

TERCEIRA SEMANA: DEIXANDO PRA LÁ

Décimo Quinto Dia 97
E se fosse fácil?: *Sobre o falso fascínio do esforço*

Décimo Sexto Dia 103
A regra de ouro inversa: *Sobre não ser seu pior inimigo*

Décimo Sétimo Dia... 108
Não fique no caminho da generosidade: *Sobre a futilidade de tentar "ser uma pessoa melhor"*

Décimo Oitavo Dia... 111
Cada um com seus problemas: *Sobre cuidar da própria vida*

Décimo Nono Dia 116
Bons momentos ou uma boa história: *Sobre as vantagens da imprevisibilidade*

Vigésimo Dia 121
Estabeleça metas quantitativas: *Sobre demitir seu controle de qualidade interior*

Vigésimo Primeiro Dia... 126
O que é uma interrupção, afinal?: *Sobre a importância das distrações*

QUARTA SEMANA: MARCANDO PRESENÇA

Vigésimo Segundo Dia.. 133
Pare de ser condescendente com seu eu do futuro:
   Sobre ocupar o tempo e o espaço por completo

Vigésimo Terceiro Dia... 139
Como fazer da sanidade o ponto de partida:
   Sobre poupar para o presente

Vigésimo Quarto Dia... 144
"Hospitalidade desleixada": *Sobre encontrar conexões
   nas falhas*

Vigésimo Quinto Dia... 149
Viver não é acumulável: *Sobre deixar que os momentos passem*

Vigésimo Sexto Dia... 153
Inconcebível: *Sobre o consolo da dúvida*

Vigésimo Sétimo Dia... 158
C'est fait par du monde: *Sobre tentar*

Vigésimo Oitavo Dia... 162
O que importa: *Sobre encontrar seu caminho*

Epílogo...167
Imperfeitamente em frente

Agradecimentos 171
Leituras adicionais 173
Créditos das citações... 179
Índice de aflições... 183

Introdução
A vida imperfeita

Este é um livro sobre o modo com que o mundo se descortina quando percebemos que jamais conseguiremos dar um jeito na vida. Sobre como nos tornamos maravilhosamente produtivos quando abrimos mão da impiedosa busca pela produtividade, e como é muito mais fácil realizar coisas ousadas e importantes quando aceitamos que não é possível fazer mais do que apenas um punhado delas (e que, a rigor, ninguém de fato *precisa* fazê-las). Sobre como a vida se torna atraente, e até mesmo mágica, quando aceitamos seu caráter fugaz e imprevisível; como é tão menos alienante parar de tentar esconder nossas falhas e fracassos; e como pode ser libertador compreender que nossas maiores dificuldades na vida talvez nunca sejam resolvidas por inteiro.

Em suma: sobre aquilo que muda quando, enquanto seres humanos limitados, nos damos conta de que a vida — na era das infinitas tarefas e oportunidades, diante de um futuro desconhecido, junto a outras pessoas que insistem, teimosas, em ter as próprias personalidades — não é um problema que devemos nos preocupar em resolver. Os vinte e oito capítulos deste livro pretendem servir como guia para uma maneira diferente de agir no mundo, que chamo de "imperfeccionismo" — uma perspectiva libertadora e estimulante baseada na convicção de que nossas limitações não são *obstáculos* para uma existência significativa contra os quais devemos lutar a vida toda rumo a um destino imaginário no qual, enfim, nos sentiremos realizados. Pelo contrário, aceitar as limitações, mergulhando mais fundo em cada uma delas, é *como* conseguimos construir um dia a dia mais saudável, livre, realizado, socialmente conectado e repleto de beleza — e esse cenário nunca foi tão verdadeiro quanto é agora, neste momento volátil e angustiante da história.

Se você decidir ler este livro no ritmo sugerido de mais ou menos um capítulo por dia, minha expectativa é de que ele funcione como um "retiro" de quatro semanas em meio à correria cotidiana, um modo de viver esta filosofia com efeito no presente e, assim, fazer mais coisas que são importantes para você em vez de arquivá-la na mente como mais um sistema a ser implementado no futuro caso disponha de um tempo livre. Afinal, como veremos, um dos princípios básicos do imperfeccionismo é que o dia em que "tiraremos tudo da frente", a fim de podermos levar uma vida plena de significados e realizações, nunca chegará. Para humanos finitos, esse dia só pode ser hoje.

Espero sinceramente que você ache este livro útil. Porém, para ser honesto de verdade, saiba que o escrevi para mim mesmo.

Perto dos trinta anos, comecei a trabalhar como articulista no *Guardian*, em Londres. Meu trabalho, ao chegar à redação pela manhã, era receber algum assunto do momento — o destino de refugiados numa crise geopolítica em andamento ou, vejamos, os motivos da súbita popularidade do *smoothie* verde — e entregar um artigo de visão geral "inteligente" de duas mil palavras até às cinco da tarde do mesmo dia. Uma ou duas horas antes do prazo final, meu editor começava a caminhar de um lado para o outro perto da minha mesa, estalando os dedos para extravasar o nervosismo e indagando em voz alta quanto tempo mais eu levaria para terminar. A resposta (como sem dúvida eu disse a ele em várias ocasiões) é que redigir um artigo "inteligente" de duas mil palavras em sete horas sobre um tema a respeito do qual eu pouco antes nada sabia é uma tarefa bastante absurda. Mesmo assim, tinha de ser feita — de modo que, no *Guardian*, eu vivia com a sensação permanente de estar numa corrida contra o tempo e de precisar arregaçar as mangas e colocar a mão na massa se sonhava em ter alguma chance de progredir na carreira.

Não que eu possa culpar meu editor por isso. A essa altura do campeonato, já estava familiarizado com a sensação de ficar em desvantagem; na verdade, pela minha experiência com a vida adulta, poucas coisas me parecem mais básicas do que a vaga sensação de estar ficando para trás e precisar dar tudo de mim para alcançar um padrão mínimo de produtividade se espero evitar uma catástrofe de contornos mal definidos que, de outro modo, poderia desabar sobre a minha cabeça. Às vezes, era como se tudo que eu precisasse fosse de um pouco mais de disciplina; em outras ocasiões, eu tinha certeza de que a resposta estava em um novo sistema para administrar minhas metas e tarefas, o qual eu identificaria assim que tirasse da frente aquele artigo sobre *smoothies*. Devorei livros de autoajuda, tentei meditação e me aventurei pelo estoicismo, ficando sempre um pouco mais ansioso quando uma nova técnica fracassava em se revelar a solução mágica para os meus problemas. Enquanto isso, no horizonte pairava a eterna fantasia de "pôr as coisas em dia" no futuro — e "coisas" significava, literalmente, qualquer coisa, desde esvaziar a caixa de entrada do e-mail até tentar descobrir como relacionamentos românticos deveriam funcionar —, para que o lado significativo da vida, o lado de fato *real*, pudesse enfim começar.

Hoje sei que não sou o único que se sente assim, embora na época não soubesse. Para falar a verdade, eu não poderia estar menos sozinho. Desde 2021, quando publiquei um livro sobre o desafio de fazermos bom uso do tempo, centenas de conversas e trocas de mensagens me convenceram de que, hoje em dia, essa sensação de não saber o que fazer da vida — e de que precisamos nos esforçar com cada vez mais afinco, nem que seja para evitar alguns retrocessos — é quase universal. Os jovens que encontrei pareciam intimidados pela tarefa de colocar a vida em ordem, enquanto muitos dos mais velhos mostraram-se desolados porque, aos quarenta ou cinquenta anos, aparentemente ainda não haviam chegado lá e começavam a se perguntar se algum dia chegariam. Para mim, ficou claro que conquistar riquezas e status social não elimina problemas — o que faz sentido quando consideramos que, no mundo moderno, o sucesso exterior quase sempre resulta de estarmos mais envolvidos do que os outros no jogo desesperado de correr atrás das coisas. "A maioria das pessoas bem-sucedidas", observa o empresário e investidor Andrew Wilkinson, "não passa de um transtorno de ansiedade ambulante equipado para a produtividade."

A modalidade mais comum da ansiedade que tento descrever aqui é a pura e esmagadora sensação de reconhecer que existem coisas demais a serem feitas em relação ao tempo disponível. Mas esse sentimento também assume outras formas. Para uns, manifesta-se como a síndrome do impostor, ou a crença de que há um nível básico de conhecimentos específicos que quase todos atingiram, exceto eles, que serão assim incapazes de parar de duvidar de si mesmos até chegarem lá. Isso também surge, para muitos de nós, da sensação de nunca termos decifrado o código dos relacionamentos íntimos, de modo que, a despeito de todas as nossas aparentes realizações, enfrentamos frustrações diárias diante da complexidade desconcertante de namorar, casar ou criar filhos. Para outros, a sensação de ficar para trás diz respeito à crença de que é necessário se esforçar mais para lidar com as crises nacionais e globais que ocorrem ao nosso redor, mesmo sem saber que diferença a contribuição individual pode fazer. O fio condutor de todos esses casos, porém, é a noção de que, no século XXI, existe uma forma de estar no mundo, de *controlar a condição* humana, que as pessoas ainda não descobriram. E de que elas não serão capazes de relaxar enquanto não o fizerem.

O pior de tudo é que as tentativas para resolver esse problema parecem apenas intensificá-lo. No meu livro *Quatro mil semanas*, chamei uma versão disso de "a armadilha da eficiência" ao descrever o modo como nossos esforços para nos aprimorarmos e ficarmos mais rápidos em lidar com cada nova situação muitas vezes nos deixam mais ocupados e estressados. O e-mail é um exemplo clássico: determinados a lidar com a enxurrada de mensagens que chegam por dia, passamos a responder mais rápido, o que suscita mais respostas, muitas das quais, por sua vez, exigem outras respostas; sem mencionar que acabamos ganhando a reputação de sermos muito bons e receptivos nessa forma de comunicação, o que faz mais pessoas considerarem que vale a pena entrar em contato conosco por e-mail. Além disso, à medida que nos empenhamos em cuidar de tudo, nossos dias começam a se encher de tarefas menos importantes, pois a crença de que existe uma maneira de resolver cada detalhe significa que evitamos tomar decisões difíceis sobre o que de fato merece nosso limitado tempo.

Mas minhas conversas também me ajudaram a perceber uma questão mais profunda: a maneira como esses esforços incessantes para assumir as rédeas da vida parecem, antes de mais nada, exaurir o próprio sentido de vitalidade que a torna digna de ser vivida. Os dias perdem o que o sociólogo alemão Hartmut Rosa chama de "ressonância". O mundo parece vazio, e apesar de todo o empenho para realizar mais tarefas, de algum modo ficamos menos aptos a obter os resultados desejados. Isso acontece até quando nossas tentativas de controle *funcionam*. Uma pessoa consegue se obrigar a meditar todos os dias e, de repente, isso parece condená-la a um tédio mortal; ou ela pode até conseguir organizar uma noite romântica para passar com sua cara-metade — afinal, como diz o ditado, é assim que se mantém a chama acesa —, mas a coisa toda deixa ambos tão envergonhados que a ocasião está fadada a uma discussão, e o casal termina a noite sentindo-se como dois fracassados. Nos meus tempos de "guru da produtividade", eu sempre adotava novos sistemas para organizar a vida, e quando baixava um aplicativo relevante ou adquiria o material de papelaria necessário, sentia-me animado, empolgado, prestes a alcançar grandes realizações! Então, um ou dois dias depois, meu novo cronograma se tornava deprimente e artificial, só mais uma lista de tarefas longa e cansativa, e eu me pegava ressentido com o idiota que tinha cometido a temeridade de ditar como eu deveria passar meus dias — mesmo que o idiota em questão fosse eu.

Isso tudo são exemplos menores, admito. Mas a perda da vitalidade também ajuda a explicar o aumento de casos de burnout, que não é um problema oriundo apenas do esgotamento, mas do vazio de passarmos anos nos forçando, como máquinas, a produzir mais e mais sem nunca acharmos que é suficiente. O feitio cada vez mais raivoso e conspiratório da vida política moderna pode ser visto como uma tentativa desesperada, entre os sequiosos por ressonância, de sentir o que quer que seja.

O problema central, como diz Rosa, é que a mola propulsora da vida moderna consiste na ideia fatalista de que a realidade pode e deve ser cada vez mais controlada — e de que nossa paz de espírito e prosperidade dependem apenas de nós mesmos. Assim, vivenciamos o mundo como uma série infinita de coisas que devemos dominar, aprender e conquistar. Decidimos dar um jeito na caixa de entrada do e-mail, tirar da frente aquela pilha enorme de leituras e organizar nosso cronograma de uma vez por todas. Procuramos otimizar nossos níveis de aptidão física e foco, e nos sentimos na obrigação de sempre aperfeiçoar nossas habilidades parentais, nossa competência financeira ou nossa compreensão dos eventos mundiais. (E mesmo quando nos parabenizamos por, digamos, priorizar a amizade ao dinheiro, ainda assim estamos sujeitos a fazê-lo pela via da otimização, cobrando de nós mesmos a responsabilidade de fazer novos amigos e não perder o contato com os que já temos — ou seja, tentando exercer o maior controle possível sobre nossa vida social.) A cultura global reforça essa espécie de doutrina do controle de muitas maneiras. Os avanços tecnológicos parecem estar sempre a um passo de permitir que finalmente dominemos nossa carga de trabalho — no momento em que escrevo, quem guarda essa promessa são os assistentes virtuais programados por inteligências artificiais —, enquanto a economia hipercompetitiva faz com que a ideia do máximo controle pareça cada vez mais essencial no dia a dia para que não afundemos em estresse.

Mas a experiência cotidiana, bem como séculos de reflexão filosófica, evidencia o fato de que uma vida gratificante e realizada *não* tem nada a ver com exercer mais controle sobre ela. *Não* tem a ver com tornar as coisas mais previsíveis e seguras até o momento de enfim conseguirmos relaxar. Uma partida de futebol é empolgante porque *não* sabemos quem vai vencer; uma disciplina é envolvente porque ainda *não* dominamos tudo sobre ela.

As maiores realizações muitas vezes envolvem manter uma abertura para o lado fortuito da vida, aproveitar as oportunidades imprevistas ou pegar embalo nos momentos inesperados de motivação. Não dá para nos encantarmos com alguém ou nos comovermos com uma paisagem ou uma obra de arte se tentamos controlar tais coisas a todo instante. Ao mesmo tempo, uma vida boa com certeza não significa abrir mão de toda esperança de influenciar a realidade. Tem a ver com a ousadia para agir, criar e causar impacto — só que sem nutrir o desejo dissimulado de ter controle de tudo. A ressonância depende da reciprocidade: a pessoa faz algo — abre um negócio, organiza uma campanha, vive mais perto da natureza, envia e-mails para uma ocasião social — e depois constata como o mundo reage.

Não surpreende que tantas pessoas passem grande parte da vida tentando alcançar uma posição de domínio sobre uma realidade que, acima de tudo, pode ser tão ingovernável e opressiva. De que outra forma deveríamos lidar com tudo o que temos para resolver, correr atrás do que mais ambicionamos, tentar ser pais, mães, maridos e esposas decentes e fazer nossa parte como cidadãos de um mundo em crise? A questão é que isso não funciona. A vida tende cada vez mais a ser uma obrigação maçante, solitária e com frequência enervante, algo a ser suportado a fim de alcançarmos um tempo melhor que, na verdade, parece nunca chegar.

Meditações para mortais é minha tentativa de partir do ponto em que a escola de pensamento "domine sua vida!" fracassa, para assim seguirmos a uma ideia de existência realmente significativa e produtiva — e, o mais importante, divertida. (Os capítulos se baseiam em minha newsletter, "The Imperfectionist", e nas generosas respostas dos leitores.) Em vez de alimentar a fantasia de um dia ter tudo sob controle, este livro assume que *nunca* controlaremos o leme da vida por completo. O pressuposto é de que não podemos nem nos sentir totalmente confiantes acerca do futuro nem compreender com perfeição as motivações alheias — e que sempre teremos tarefas demais para fazer.

Mas as coisas não são assim porque somos uns fracassados sem disciplina ou porque não lemos o novo best-seller revelador sobre a "ciência surpreendente" por trás da produtividade, da liderança, das responsabilidades parentais ou do que quer que seja. E sim porque a condição finita do ser humano *apenas significa* que nunca obteremos o tipo de controle ou segurança dos quais tantos de nós sentem que sua sanidade depende. Apenas significa que a lista de coisas válidas que podemos fazer com nosso tempo sempre será maior do que a lista de coisas para as quais de fato temos tempo. Apenas significa que sempre estaremos vulneráveis a imprevistos ou emoções turbulentas e a exercer um poder parcial sobre como nosso tempo é consumido, apesar do que os influenciadores de vinte e poucos anos sem filhos tenham a dizer sobre a rotina matinal ideal.

Do ponto de vista do imperfeccionismo, trata-se de uma boa notícia. Não que confrontar a finitude humana seja indolor — é por isso que a busca por controle seduz tanto. Encarar nossos limites significa aceitar que a vida implica duras escolhas e sacrifícios, que tanto o arrependimento como o risco de decepcionar os outros são possibilidades sempre presentes e que nada que criemos no mundo estará à altura dos padrões perfeitos da imaginação. Mas, ao mesmo tempo, entender essas verdades nos liberta para agir e viver a ressonância. Quando desistimos da batalha ingrata de tentar dar conta de tudo, começamos a dedicar nosso tempo e atenção ao punhado de coisas que realmente interessam. Quando paramos de cobrar perfeição do nosso trabalho criativo, dos nossos relacionamentos ou de qualquer outra coisa, ficamos livres para mergulhar de cabeça neles. E quando paramos de programar nossa sanidade e autoestima para tentar atingir, acima de tudo, uma situação fora do controle humano, passamos a nos sentir sãos e a desfrutar do momento presente, o único que de fato existe.

Este livro também encara uma questão que me atormenta há anos: a literatura de autoajuda que supostamente nos ensina a levar uma vida mais significativa e produtiva. Os piores exemplos oferecem apenas uma lista de etapas a serem implementadas — e que quase nunca funcionam, uma vez que ignoram a jornada íntima percorrida pelo autor a fim de chegar a elas. (Se *ele* teve de enfrentar as próprias raízes emocionais da resistência em se organizar, por que *você* deveria esperar resultados ao seguir o passo a passo de uma lista de dicas organizacionais?) Já os melhores exemplos desse tipo de literatura propõem uma mudança de perspectiva e, em consequência, de percepção a partir das diferentes atitudes que podem ser tomadas. As mudanças de perspectiva, porém, desaparecem com uma triste rapidez: durante alguns dias, tudo parece diferente, até que a força esmagadora do nosso modo costumeiro de agir volta a se afirmar.

O meu objetivo aqui é que qualquer coisa que você venha a achar útil nestas páginas invada cada célula do seu corpo — e nelas se fixe. É evidente que a forma como você lerá minhas palavras é um dos incontáveis aspectos da realidade que não posso esperar controlar, e sem dúvida este livro pode ser lido como qualquer outro. Porém, sugiro a leitura de um capítulo por dia, na ordem, durante as quatro semanas complementares: na primeira, enfrentando a realidade da finitude; na segunda, tomando atitudes ousadas e imperfeitas; na terceira, parando de impor obstáculos a si mesmo e permitindo que as coisas aconteçam; por fim, na quarta semana, aprendendo a viver no momento presente, e não em função do futuro.

Quando descrevo o livro como um "retiro", busco sugerir ao leitor que o aborde como um regresso mais ou menos diário a um santuário metafórico presente em um recanto tranquilo da mente, onde podemos permitir que novos pensamentos tomem forma sem a necessidade de deixar o resto da vida em suspenso, mas que eles permaneçam ali em segundo plano conforme nosso dia avança. Os capítulos apresentam tanto mudanças de perspectiva quanto técnicas práticas, e minha esperança é que, após a leitura, ocasionalmente um deles transforme, de maneira sutil, mas concreta, o modo como você vivencia as vinte e quatro horas do dia. Pela minha experiência, é isso que faz a mudança acontecer: um feedback concreto por fazermos as coisas de uma forma diferente na vida real.

É claro, se *Meditações para mortais* funcionar nos termos pretendidos, só posso esperar que o faça imperfeitamente. Aliás, não recomendo nenhum esforço sobre-humano para reter ou pôr em prática o que você lerá; peço apenas para confiar que, se algo ecoar em seu íntimo, permanecerá ali por conta própria. Este não é mais um daqueles livros que prometem a solução ideal para conduzir a vida caso o leitor siga cada detalhe do conteúdo com perfeição. A finitude humana se encarrega de que isso seja impossível. E é por isso que devemos mergulhar na vida de corpo e alma, agora mesmo.

Primeira Semana

Sendo finito

Se você se perder na floresta, que se dane, construa uma casa. "Bom, eu estava perdido, mas agora moro aqui! Melhorei meu dilema radicalmente."
Mitch Hedberg

Primeiro Dia
É pior do que pensamos
Sobre a sensação libertadora da derrota

> *O que é verdadeiro já o é. Admiti-lo não o torna pior.*
> *A falta de abertura para o fato não o faz desaparecer.*
> *E, por ser verdadeiro, é com ele que interagimos. O que não*
> *é verdadeiro não pode ser vivenciado. As pessoas conseguem*
> *suportar a verdade, pois já o fazem normalmente.*
> Eugene Gendlin

A atitude mais libertadora, empoderada e produtiva que podemos tomar, se quisermos passar mais tempo fazendo o que consideramos importante, consiste em entender em que sentido a vida humana — cujo tempo é limitado e o controle sobre ele mais ainda — é bem pior do que pensamos. Meio que sem esperança, na verdade. Sabe aquela nuvem de melancolia que às vezes paira sobre você — acordado no escuro às três da manhã ou ao final de uma quinta-feira estressante no trabalho — quando pensa que a vida dos sonhos nunca se concretizará? A mágica da coisa começa quando você compreende que ela *definitivamente* não se concretizará.

É verdade que eu já fui acusado de ser um estraga-prazeres. Então deveria ao menos tentar explicar por que isso não tem nada de deprimente.

Considere só para começar — o familiar dilema moderno de se sentir sobrecarregado por uma lista de tarefas longa demais. Você *acha* que o problema é ter muitas coisas para resolver e pouco tempo, de modo que a única esperança é administrar seus horários com a maior eficiência possível, recorrer a reservas de energia inimagináveis, evitar todas as distrações e, de alguma forma, superar todos os obstáculos até o fim. Na prática, a situação é bem pior do que você pensa, porque a quantidade de novos desafios que parecem ter de ser enfrentados não é apenas grande, como também, para todos os efeitos, infinita. Assim, resolver todos eles é mais do que somente muito difícil. É impossível.

Mas aqui as coisas ficam interessantes. Uma mudança psicológica importante ocorre quando percebemos que a luta que vínhamos encarando como muito difícil é, na verdade, totalmente impossível. Relaxamos por dentro. É semelhante à sensação de ser pego por um temporal, sem guarda-chuva, e decidir abandonar as tentativas inúteis de permanecer seco para aceitar ficar encharcado até os ossos. *Tudo bem, é assim que as coisas são.* Quando percebemos que é inevitável só conseguirmos realizar uma fração das coisas que gostaríamos de fazer no mundo ideal, a ansiedade arrefece e sentimos uma disposição renovada em nos debruçar sobre o que de fato é possível fazer. Não é que a vida se descomplica de uma hora para outra: dependendo da situação, deixar certas tarefas de lado pode trazer consequências graves. Mas se é verdadeiramente impossível fazer tudo o que exigem e o que exigimos de nós, então bom, nesse caso, é simplesmente impossível, e aceitar a verdade só vai ajudar. E quando passamos a encarar a realidade, começamos a agir não pela vã esperança de que nossas ações nos conduzem ao futuro utópico da produtividade perfeita, mas sim porque elas valem a pena.

Claro que a sensação de sobrecarga pode não ser um grande problema para você. Seu problema pode ser o perfeccionismo, a angústia das tentativas de produzir um trabalho que atenda a seus padrões exigentes. Mas essa situação também é pior do que pensamos, já que nenhum trabalho que você realize será capaz de atender aos padrões perfeitos da sua mente. Síndrome do impostor? Talvez você acredite que precisa de mais experiências ou qualificações para se mostrar confiante entre seus colegas, mas a verdade é que, na maior parte do tempo, até mesmo as pessoas mais preparadas sentem que estão improvisando — e se algum dia você tiver a oportunidade de oferecer uma contribuição única para o mundo, é muito provável que o fará sem se sentir pronto. Problemas de relacionamento? Também são piores do que pensamos. Pode até ser que você tenha se casado com a pessoa errada, ou que precise de anos de terapia, mas a verdade é que dois humanos falhos e finitos, vivendo e amadurecendo juntos, inevitavelmente serão uma fonte de irritação mútua, trazendo à tona suas questões mais íntimas. (É com aqueles que alegam nunca ter passado por nada do tipo que devemos nos preocupar.)

A falecida mestra zen britânica Hōun Jiyu-Kennett, nascida Peggy Kennett, tinha uma maneira brilhante de captar a sensação de liberdade interior que pode vir da compreensão de como nossas limitações são intratáveis. Seu estilo de ensino, ela gostava de dizer, não era aliviar o fardo do aluno, e sim deixá-lo tão pesado que ele o tirasse das costas. Em termos metafóricos, aliviar o fardo de alguém significa encorajar a pessoa a acreditar que, com o esforço suficiente, as dificuldades serão superadas, que ela pode encontrar uma maneira de sentir que está fazendo o necessário, que é competente o bastante ou que relacionamentos são um mar de rosas, e assim por diante. A grande sacada de Kennett foi perceber que muitas vezes é mais benéfico e efetivo tornar esse fardo ainda mais pesado para ajudar a pessoa a enxergar em que medida sua situação é irremediável e, com isso, dar-lhe permissão para parar de tentar.

E depois? Depois é só relaxar. Mas você também pode realizar mais coisas, e se divertir mais no processo, porque não estará mais tão ocupado em negar, consciente ou não, a factualidade de seu dilema. É nesse ponto que entramos no estado sagrado que o escritor Sasha Chapin chama de "brincando nas ruínas".

Quando tinha vinte e poucos anos, recorda Chapin, sua definição de uma vida bem-sucedida era tornar-se um autor renomado, no nível de um David Foster Wallace. Quando isso não se concretizou — suas fantasias perfeccionistas bateram de frente com as limitações do mundo real —, ele achou a situação inesperadamente libertadora. O fracasso que ele vivia repetindo para si mesmo que não deveria deixar acontecer de fato aconteceu — e não o destruiu. Estava livre para ser o escritor que realmente poderia ser. Chapin escreve que quando esse tipo de confronto com as limitações aparece,

> uma preciosa condição existencial pode nascer [...]. Deixamos de ver o cenário à nossa volta como algo que precisa ser transformado. Nós o vemos apenas como o ferro-velho que ele é. E então podemos olhar ao redor e dizer, tudo bem, o que há de fato por aqui quando não estou o tempo todo mentindo para mim mesmo sobre como será um dia?

Com isso vem a estimulante percepção de que podemos muito bem seguir com nossa vida: é *porque* nunca produziremos um trabalho perfeito que podemos muito bem continuar a fazer o melhor trabalho possível; e é *porque* os relacionamentos íntimos são complexos demais para serem livres de contratempos que podemos nos comprometer com eles e ver o que acontece. Não há garantias — exceto a de que escolher se esconder do mundo é uma receita para a angústia.

Pois, ao que tudo indica, nosso problema não é ainda não ter encontrado a maneira certa de obter controle *sobre* a vida ou de estar a salvo *da* vida. Nosso verdadeiro problema é, antes de mais nada, imaginar que tanto uma coisa quanto a outra são possíveis para humanos finitos, que, afinal de contas, encontram-se por completo apenas *na* vida, com todas as limitações, sensações claustrofóbicas e falta de saídas que isso implica. ("Nosso sofrimento", nas palavras do mestre zen Mel Weitsman, "é acreditar que há um jeito de escapar.") Quando captamos em que sentido nossa situação é pior do que pensávamos, não precisamos mais seguir como que encolhidos no assento do avião, desesperados à espera de que alguém encontre uma maneira milagrosa de evitar o desastre. Compreendemos que o avião já caiu. (Caiu quando nascemos.) Estamos presos numa ilha deserta sem nada para subsistir além da velha comida do avião e sem alternativas a não ser extrair o melhor que pudermos da nossa condição, junto com os demais sobreviventes.

Pois bem, então aqui está você. Aqui estamos todos nós. Agora, que tal encontrar algo de bom para fazer com o seu tempo?

Segundo Dia
Caiaques e superiates
Sobre realmente fazer algo

O que parece um passo em falso é apenas o passo seguinte.
Agnes Martin

A esta altura de um livro sobre encontrar tempo para fazer o que importa de verdade na vida, o leitor talvez esteja esperando algum tipo de *sistema*.

    Pelo menos comigo sempre foi assim. Quando pegava um livro contendo algum tipo de promessa sobre como construir uma vida bem-sucedida ou mais significativa, eu nem ao menos esperava e logo pulava as páginas iniciais para chegar à parte em que o autor delineava passo a passo o sistema para isso de fato acontecer. Quando queremos mudar nossa vida, poucas coisas são mais sedutoras do que obter um sistema. Mas esse fascínio pode induzir ao erro. Quase ninguém quer escutar a verdadeira resposta para a questão de como passar a maior parte do nosso tempo limitado fazendo aquilo que julgamos importante — o que não envolve sistema algum. A resposta é: você faz e pronto.

Escolha algo que te interessa e então, pelo menos por alguns minutos (quinze minutos, digamos), debruce-se um pouco sobre isso. Hoje mesmo. É simples assim. Mas infelizmente, para muitos de nós, "fazer e pronto" pode se mostrar uma das coisas mais difíceis do mundo.

Não que todos os sistemas para resolver as coisas sejam *ruins*. (As regras para uma produtividade significativa têm um papel a desempenhar e abordaremos algumas delas mais adiante.) É só que não constituem o ponto central. O principal — embora eu tenha levado anos para perceber — é tão somente encontrar a disposição para tomar providências, aqui e agora, nem que seja apenas uma vez na vida, independentemente de ela ser parte de um sistema, um hábito ou uma rotina. Se não priorizamos a habilidade de apenas fazer as coisas, corremos o risco de cair numa armadilha sobremodo sorrateira, que é acabar embarcando no projeto desnecessário e, pior, contraproducente de *nos tornarmos o tipo de pessoa que age de determinada forma*.

O problema a que me refiro começa assim: por exemplo, queremos a paz e a clareza que acreditamos ser possível obter por meio da meditação, então passamos a praticá-la. Compramos um livro sobre mudança de hábitos, damos uma folheada nele e tentamos descobrir qual a melhor maneira de criar o hábito de meditar. Encomendamos uma almofada de meditação. Talvez até cheguemos a sentar para meditar. Mas então algo dá errado. A mera escala do projeto — meditar todos os dias pelo resto da vida — parece assustadora, e assim decidimos adiar tudo para um momento futuro, quando pretendemos ter mais tempo e energia. Por outro lado, talvez a novidade de levar a meditação a sério nos deixe empolgados — até que, uma ou duas semanas depois, a monotonia toma conta e a decepção parece tão intolerável que jogamos tudo para cima.

Em vez disso, o que deveríamos ter feito era deixar de lado o projeto de meditar pelo resto da vida e nos concentrar apenas em sentar para meditar. Uma vez. Por cinco minutinhos.

Vale a pena mencionar outra versão do mesmo problema, em que tentamos nos tornar um tipo diferente de pessoa para inconscientemente evitar a atividade em questão. Suponha que você queira abrir um negócio, mas esteja intimidado com a iniciativa. Existe melhor maneira de nunca começar do que fazer desse um projeto de longo prazo? Por consequência, você passa meses pesquisando, realizando brainstormings e emulando a rotina diária do seu guru empresarial favorito, incluindo acordar às cinco da manhã e cumprir um "protocolo de hidratação", sem nunca ter de encarar o que te atemoriza.

A imagem do caiaque e do superiate ajuda a esclarecer esse caso. Segundo essa analogia, a condição humana se assemelha a alguém que ocupa um caiaque individual e é levado pelo rio do tempo em direção à sua inevitável, porém imprevisível, morte. É uma situação emocionante, mas, ao mesmo tempo, de uma vulnerabilidade intensa: a pessoa está à mercê da correnteza e a única coisa que pode fazer é manter-se alerta, guiando o caiaque da melhor maneira possível e reagindo com juízo e graça ao que surgir pelo caminho a cada instante. O filósofo alemão Martin Heidegger descreve esse estado de coisas com a expressão *Geworfenheit* ("ter sido lançado"), uma expressão esquisita para um dilema igualmente esquisito: o simples fato de existir implica ser lançado em um tempo e um espaço arbitrários, em que os dias escorrem por entre nossos dedos minuto a minuto, gostemos ou não, com uma personalidade que não escolhemos.

A vida é *assim*. Mas não gostamos que seja. Preferiríamos ter uma sensação muito maior de controle. Em vez de estar remando um caiaque, gostaríamos de ser o capitão de um superiate, programando com calma a rota desejada nos computadores da embarcação para depois recostar na confortável cadeira giratória de couro da tranquila e silenciosa ponte de comando e desfrutar da viagem. Sistemas e planos de autoaperfeiçoamento, bem como "projetos de longo prazo", contribuem para perpetuar a fantasia: passamos o tempo devaneando que estamos no superiate, observando o mundo a nossa volta e antecipando com prazer a chegada ao nosso destino. Por outro lado, para de fato realizar algo significativo hoje — seja apenas sentar para meditar, escrever alguns parágrafos de um romance, dar total atenção a uma conversa com um filho — é necessário abrir mão da sensação de controle. Significa aceitar não saber de antemão como nos sairemos (pode ter certeza de que, seja lá o que você fizer, será imperfeito) ou se acabaremos nos tornando o tipo de pessoa que faz essas coisas o tempo todo. É, portanto, uma questão de confiança. Significa encarar a verdade: vivemos permanentemente no caiaque, não no superiate.

    O desafio, então, é simples, embora para muitos de nós também seja excruciante. Pense em algo que você poderia fazer neste momento — ou, no mais tardar, amanhã, se estiver lendo isto à noite — que constitua um uso bom o suficiente do seu tempo finito, e que você esteja verdadeiramente disposto a fazer. (Não perca tempo ruminando qual seria a *melhor* coisa a fazer: isso é um raciocínio de superiate, o desejo de ter sempre certeza de que estamos no caminho certo.) A ironia, é claro, reside no fato de que fazer algo uma única vez hoje — apenas guiar seu caiaque por mais alguns centímetros na água — é a única maneira de um dia nos tornarmos o tipo de pessoa que faz essa mesma coisa com regularidade. Caso contrário — e, acredite, já estive nessa situação —, você é o mero tipo de pessoa que passa a vida fazendo planos de como virá a ser um outro tipo diferente no futuro. Por vezes, isso irá lhe render a admiração alheia, pois, visto de fora, você parece empenhado em se aprimorar. Mas não é a mesma coisa.

Assim, você faz o que tem de fazer, uma vez, sem a menor garantia de que conseguirá de novo algum dia. Mas talvez você descubra que, na verdade, voltará a fazê-lo no dia seguinte, ou alguns dias depois, e quem sabe outra vez, e outra — até que, sem se dar conta, desenvolveu algo extraordinário: não um sistema ou uma rotina movidos à força de vontade, mas uma *prática* incipiente de escrever, meditar, conversar com filhos, abrir um negócio. Algo que fazemos não para ser apenas pessoas melhores — embora também possa ter esse efeito —, e sim porque, seja lá o que estivermos realizando, bem aqui, nesta correnteza, vale a pena ser realizado por si só.

Terceiro Dia
É necessário apenas enfrentar as consequências
Sobre pagar o preço

> *Você é livre para fazer o que quiser.*
> *Só precisa enfrentar as consequências.*
> Sheldon B. Kopp

Um amigo meu tentava decidir se deveria se divorciar. Embora nenhuma das partes tivesse culpa de nada, era claro que o casamento ia de mal a pior, mas ele se sentia paralisado por duas alternativas igualmente ruins. A separação causaria uma situação angustiante para a esposa e escandalizaria a família tradicional dele, mas varrer o problema para debaixo do tapete e continuar insistindo na situação significaria condenar ambos a uma vida de infelicidade, ou ainda forçar a esposa a tomar uma atitude. Como com frequência acontece nesses dilemas, ele havia concluído em seu subconsciente que a menos que uma das opções fosse indolor — e estava claro que nenhuma das duas o era —, o divórcio seria impossível. Assim, permanecia paralisado, na esperança de tirar da cartola uma terceira alternativa.

Levou um tempo para ele cair na real e perceber que havia um modo diferente de abordar o imbróglio: não uma terceira opção, mas uma nova perspectiva em relação às duas existentes. Ele reconhecia que a separação seria terrível, no entanto, se ela fosse importante o suficiente, ele estaria livre para agir como bem entendesse e lidar da maneira mais responsável possível com os resultados desagradáveis, como um preço que estava disposto a pagar. Encarar essa verdade — de que a escolha tem um custo e de que ele poderia assumi-lo — proporcionou-lhe a margem de manobra psicológica que faltava para tomar a decisão. Ele se separou. *Foi* horrível, de fato. Mas vida que segue.

A certa altura, à medida que tentamos passar mais tempo de nossa finita existência de uma maneira que nos pareça mais significativa, é inevitável que nos ocorra o pensamento de que *não podemos* tomar determinada decisão sobre nosso próprio tempo, por mais que queiramos, porque as circunstâncias simplesmente não o permitem. O obstáculo pode parecer tão intransponível quanto a crença de que você não pode sair de um casamento ou de uma carreira infeliz devido ao impacto emocional ou financeiro sobre si mesmo e os outros. Ou tão mundano quanto a ideia de que não podemos passar meia hora em um projeto criativo gratificante porque há e-mails demais para responder ou tarefas domésticas acumuladas para fazer. São preocupações válidas, mas a ideia de que eliminam qualquer possibilidade de escolha não é de todo correta. A verdade, embora as pessoas com frequência fiquem indignadas ao escutá-la, é que quase nunca se trata de sermos *obrigados* a cumprir determinado prazo no trabalho, honrar um compromisso, responder a um e-mail, comparecer a um evento familiar ou fazer o que quer que seja. A surpreendente verdade — como afirma Sheldon B. Kopp, um psicoterapeuta americano brilhante falecido em 1999 — é que você é livre para fazer quase tudo o que deseja. Contanto que arque com as consequências.

As consequências não são opcionais. É da natureza de nossa condição finita que toda escolha acarrete uma repercussão, pois há momentos em que só podemos escolher um caminho e temos de lidar com as consequências de não ter escolhido antes nenhum dos demais. Passar uma semana de férias em Roma significa não passar essa mesma semana em Paris; evitar um conflito a curto prazo significa encarar as repercussões de deixar que uma situação ruim fique ainda pior depois. Liberdade não é, de modo algum, conseguir se livrar dos custos de uma escolha — isso nem sequer é uma opção —, mas perceber, como observa Kopp, que nada te impede de fazer o que bem entender, contanto que você esteja disposto a pagar o preço. A menos que sejamos fisicamente coagidos, a ideia de que "somos obrigados a fazer algo" significa que escolhemos não pagar o preço da recusa; assim como a ideia de que "definitivamente não podemos fazer determinada coisa" em geral significa que relutamos em pagar o preço de fazê-la. Você *pode* pedir demissão mesmo sem ter outro emprego em vista. *Pode* comprar uma passagem só de ida para um destino remoto, ou roubar um banco, ou contar para seus seguidores nas redes sociais suas opiniões mais sinceras. Aprecio a austeridade com que o economista americano Thomas Sowell sintetizou tal tema, insistindo que não existem soluções, apenas barganhas. As duas únicas opções, a qualquer momento, são o preço a pagar e se ele vale ou não a pena.

Isso pode parecer uma revelação ou uma libertação para os mais ansiosos, em parte porque reduz a um número mais administrável as escolhas angustiantes, mas também porque nos lembra que a maioria das consequências com as quais nos afligimos está longe de justificar tanto sofrimento. Se você ignorar um e-mail causa uma leve irritação em quem o enviou ou se seus sogros torcem o nariz para o modo como você cria seus filhos, a reação correta poderia ser sem nenhum problema: e daí? Laura

Vanderkam, ao entrevistar mães que trabalham fora de casa para seus livros sobre como equilibrar o trabalho e a vida familiar, deparou-se várias vezes com algumas versões de um mesmo refrão: "Enquanto não arrumo toda a bagunça das crianças, não consigo relaxar à noite!". Mas é claro que os pais podem relaxar mesmo com os brinquedos espalhados pela casa. "Não há nenhuma inspeção marcada para as onze da noite em que alguém virá conferir se os brinquedos foram todos guardados", diz Vanderkam. Em circunstâncias como essa, só precisamos estar dispostos a pagar o preço de relaxar numa casa não tão impecável.

Mas, sem dúvida, há um elefante na sala: o fato de que as consequências de eventuais escolhas podem ser muito mais graves para uns do que para outros. Algumas pessoas podem ser demitidas por ignorar e-mails e outras escutam poucas e boas caso deixem os brinquedos espalhados pela casa. Mas essas realidades tão injustas não mudam o fato de que cada escolha nada mais é do que ponderar as barganhas. Se um caminho que adoraríamos trilhar ameaça nos deixar desamparados por completo, ou gravemente prejudicados de alguma outra forma, é provável que não vamos escolhê-lo. Mas, se formos honestos com nós mesmos, a tentação de exagerar as prováveis consequências nos poupa do fardo de fazer uma escolha ousada. (Notei que há entre os progressistas o risco de considerar que determinada escolha seja inviável para os desfavorecidos como um motivo para não tomá-la. Mas ao menos que o desfavorecido seja *você*, isso é um álibi, não um argumento.) Um conceito central no pensamento do filósofo Jean-Paul Sartre é que existe um consolo secreto em dizermos a nós mesmos que não temos opções, pois é mais fácil chafurdar na "má-fé" de acreditar que estamos presos do que encarar as responsabilidades vertiginosas da liberdade.

Porém, a libertação também pode causar vertigem. Quando passamos a abordar a vida como o enfrentamento de consequências, muitas vezes nos recusamos a perder tempo com coisas que, para começo de conversa, nunca apreciamos muito, mas que antes talvez não teríamos ousado recusar. (Para alguns, isso acontece com naturalidade: "Ah, que pena", teria respondido o comediante inglês Peter Cook quando o jornalista e apresentador de talk show David Frost ligou e o convidou para um jantar com o príncipe Andrew e sua então esposa Sarah Ferguson. "Olhei minha agenda e vi que nesta noite assistirei TV.") Em outras ocasiões, no entanto, seguimos em frente e fazemos a coisa indesejada de um modo ou de outro, porque compreendemos o custo e *não* queremos incorrer nele. Perceba a diferença — como a sensação distingue-se — de dizer "sim" a contragosto e "sentir não ter outra escolha" para depois ficar ressentido por dias a fio. Por exemplo, talvez você se importe tanto com um amigo que, quando ele lhe pede para cancelar seus planos e ajudá-lo a se mudar no fim de semana, a resposta é afirmativa: o estresse e a decepção que a recusa lhe causaria é um preço que você não está disposto a pagar.

    Seja qual for a escolha, contanto que você a faça no espírito de enfrentamento das consequências, o resultado será a liberdade no único sentido em que ela pode ser usufruída por humanos finitos. Não liberdade *das* limitações, uma experiência que infelizmente ninguém conhecerá, mas liberdade *nas* limitações. Liberdade para examinar as barganhas — porque elas sempre existirão — e então optar pela que preferir.

Quarto Dia
Contra a dívida de produtividade
Sobre o poder de uma "lista de tarefas feitas"

Nunca percebemos o que foi feito, apenas o que falta fazer.
Marie Curie

Que tal uma pausa para lembrar que nem sempre precisamos usar o tempo de uma maneira que valha a pena? Encontre formas de se dedicar ao que mais importa. Nada disso é obrigatório. Conte com a minha permissão para não se preocupar com essas coisas.

Muitas pessoas relatam a sensação de começar o dia com uma espécie de "dívida de produtividade" que precisam quitar ao longo da jornada diária com a esperança de zerar esse saldo até o anoitecer. Caso falhem — ou pior, nem tentem —, sentem que não conseguiram justificar a própria existência no mundo. E se a carapuça serviu, há uma boa chance de você, assim como eu, pertencer a essa turma deprimente que os psicólogos chamam de "super-realizadores inseguros", um jeito diplomático de dizer que nossas realizações, por mais impressionantes que sejam, são muitas vezes motivadas por sentimentos de inadequação. Talvez você acredite que a razão de existir está vinculada a certo nível de status, renda ou qualificações acadêmicas. Ou talvez você associe sua autoestima ao parâmetro mais enlouquecedor de todos: o de "descobrir seu potencial" — isso significa que você jamais terá descanso, pois como poderá ter certeza de que não resta um pouco mais de potencial a ser usado?

A verdade é que não precisamos fazer nada disso.

É claro que existe um sentido mundano no fato de "ter de" fazer todo tipo de coisa: para pagar o aluguel, temos de ganhar alguma renda; se fazemos isso trabalhando numa empresa, devemos atender às exigências do patrão, caso contrário teremos problemas. Se você tem filhos, em geral é uma boa ideia lhes fornecer roupas e alimento. Mas esse senso diário de obrigação se sobrepõe ao dever existencial descrito acima: o sentimento de que precisamos realizar as coisas não apenas porque temos certos objetivos, ou para cumprir nossas responsabilidades básicas em relação aos outros, mas também por causa de uma espécie de dívida cósmica que, de algum modo, contraímos em troca de estarmos vivos. Como escreveu o filósofo Byung-Chul Han, "produzimos ante a sensação de falta". Com frequência, nossa atividade frenética é a tentativa de sustentar uma ideia de nós mesmos como membros minimamente aceitáveis da sociedade.

A origem dos sentimentos de inadequação é uma discussão complexa. Podemos começar culpando a ética de trabalho protestante, ideologia que criou raízes no início da Europa moderna e por meio da qual os cristãos calvinistas sustentam a fé de que o trabalho árduo e incessante demonstra a aptidão do homem para entrar no Céu após a morte. (Não que o trabalho duro lhes *garanta* um lugar no céu, uma vez que acreditam na predestinação; o ponto de vista deles, bem mais complicado no campo psicológico, é de que, se já foram eleitos para o céu, devem procurar ser o tipo de pessoa que, de um jeito ou de outro, naturalmente gosta do trabalho duro.) Também podemos culpar nossos pais, que por sua vez podem culpar os pais deles, na medida em que as pesquisas sugerem que muitos super-realizadores inseguros foram criados para se sentirem notados e valorizados apenas quando se destacam em algo. Ah, e ainda podemos culpar o consumismo por seu interesse óbvio em perpetuar o sentimento de inadequação das pessoas de modo que elas adquiram cada vez mais produtos e serviços cuja promessa é fazer desaparecer tal sensação.

O que não se discute, no entanto, é que viver com uma dívida de produtividade não tem nada de divertido. Induz a ansiedade, é exaustivo e também contribui para a moderna epidemia de isolamento social, já que o foco obsessivo em pagar o que se deve torna muito menos atraente a tentativa de priorizar atividades que aparentam ser improdutivas, como sair com os amigos. Para piorar, a mentalidade da dívida de produtividade transforma o sucesso numa espécie de castigo: a cada nova realização, o nível que você acredita precisar alcançar sobe mais um pouco, e assim saldar a dívida fica cada vez mais difícil.

Deve ser por isso que sinto um aperto no estômago sempre que revisito uma cena do quase esquecido drama televisivo dos anos 2000, *Studio 60 on the Sunset Strip*. Bradley Whitford e o falecido Matthew Perry interpretam dois produtores que têm de resgatar e relançar uma série de comédia semanal em rede nacional, cuja clara inspiração é o programa *Saturday Night Live*. Ao longo do episódio ao qual me refiro, a ansiedade dos protagonistas aumenta visivelmente enquanto um enorme relógio digital no estúdio de TV assinala os dias, as horas, os minutos e os segundos que restam para o início programado da transmissão ao vivo. O mundo está assistindo. Muitas coisas estão em jogo. Conflitos de última hora ameaçam desencaminhar tudo. Mas, contra todas as probabilidades, quando os dígitos do relógio chegam ao zero, eles conseguem. *No ar*. A música de abertura é um sucesso. O público vai ao delírio. A cena corta para Perry, assistindo ao fundo; pela primeira vez, ele parece relaxado. Por um ou dois segundos. Então algo preocupante lhe ocorre e a câmara acompanha seu olhar para o relógio na parede, que agora mostra 6 dias, 23 horas, 57 minutos e 53 segundos: a contagem regressiva para o episódio da semana seguinte. O prêmio por pagar tão bem a dívida é que agora ele precisa fazer *tudo de novo* com a mesma perfeição.

Há uma rota religiosa para quitar a dívida de produtividade, se você acredita em um deus misericordioso que lhe concede a graça — em outras palavras, que o ama e se apraz com sua existência, sem se importar com o quanto você se esforça para justificá-la em função da sua produtividade, bondade ou qualquer outra coisa. Mas agnósticos e ateus podem seguir um caminho diferente para alcançar um destino parecido: se deus não existe, então não existe uma autoridade com o poder de exigir que você faça jus ao seu direito de existir. Apenas existimos, e isso basta. Como explica o autor taoista Jason Gregory, expressando a mesma ideia de forma diferente e poderosa, incorremos no erro de acreditar que de algum modo não pertencemos ao mundo e que devemos, assim, passar a vida tentando recuperar o direito de fazer parte dele. Mas a quem cabe decidir se pertencemos ou não ao mundo? A verdade óbvia é que isso já está decidido. Não se trata de sentimentalismo, apenas de uma constatação pragmática dos fatos. Olhe em torno: esta é a realidade. Ela consiste em uma infinidade de átomos, parte dos quais constituem você. O que *significa* afirmar que não pertencemos a ela?

Meu método favorito para combater a sensação de dívida no dia a dia é manter uma "lista de tarefas feitas", a ser usada para criar um registro não das tarefas que planejamos realizar, mas das que foram realizadas até o momento, fazendo dela um tipo raro de lista que, na prática, deve crescer à medida que o dia transcorre. (Se você já utiliza algum sistema de gerenciamento de tarefas, criar uma lista de coisas feitas pode ser ainda mais fácil: basta não deletar as tarefas ao concluí-las, mas movê-las para um arquivo ou pasta separados, onde poderá acompanhá-las com satisfação conforme se acumulam.) Como percebe Marie Curie, nossa atitude costumeira é medir nossas realizações efetivas em função de todas as coisas que ainda poderíamos fazer. Mas esse é um patamar que estamos fadados a considerar para sempre fora de alcance. Por outro lado, o que torna uma lista de coisas feitas tão encorajadora é que ela implicitamente nos convida a comparar nosso desempenho com a situação hipotética de ficar na cama sem fazer coisa nenhuma. E por qual motivo essa comparação seria menos legítima do que a outra? (Além disso, se você de fato estiver empacado, sempre é possível dar uma definição mais flexível para o que conta como tarefa concluída. Ninguém precisa saber que você incluiu "fazer café" ou "tomar banho" na sua lista de tarefas feitas.)

Mas uma lista de tarefas feitas não é apenas uma maneira de você se sentir melhor consigo mesmo. Quando passamos a ver nossos dias não como uma dívida a ser paga, mas como oportunidades sucessivas de mover uma quantidade pequena, porém significativa, de itens para essa lista, passamos a direcionar melhor nosso foco e a obter maiores progressos, uma vez que gastamos menos energia estressados com as tarefas que estamos (inevitavelmente) negligenciando. E embora eu não vá fingir que isso seja recorrente, é possível que você vivencie um desses raros momentos transcendentes em que tomar uma atitude positiva em relação a um projeto de interesse — agora que ele não mais se presta à motivação oculta da autossatisfação de saldar uma dívida imaginária — passe a ser algo muito mais fácil e agradável.

Eis a lição que nós, os super-realizadores inseguros, faríamos bem em enfiar na cabeça: nossas ações não precisam ser algo que fazemos, dia após dia, a fim de nos aproximar de um estado elusivo em que, por fim, nos tornaremos adequados enquanto seres humanos. Na verdade, elas podem ser simplesmente uma prazerosa expressão do fato de já sermos seres humanos adequados.

Quinto Dia
Excesso de informação
Sobre a arte de ler e de não ler

> *A visita entra e diz: "Quantos livros! Você leu todos?".*
> *[...] Roberto Leydi tinha a melhor resposta para essa*
> *pergunta: "Isso e mais, meu caro, muito mais", paralisava*
> *o adversário e mergulhava-o num estado de admiração*
> *perplexa. Mas a considero um tanto impiedosa e angustiante.*
> *Hoje, adoto a resposta: "Não, estes são os que li no fim*
> *do mês. Os outros estão no meu gabinete de estudos".*
> Umberto Eco

Nos artigos sobre estilo de vida do *Guardian*, o tópico sobre o qual mais nos pediam para escrever era a "sobrecarga de informação" — e, não, a ironia de que publicar milhares de palavras sobre o problema dificilmente seria de alguma ajuda não passava despercebida. Na metade da primeira década do século XXI, já estava óbvio que a internet levaria a um aumento descomunal do problema de haver coisas demais para prestar atenção. (Em 1999, pesquisadores estimaram que a quantidade de dados gerados no mundo chegava a pelo menos 1,5 bilhão de gigabytes. A estimativa para 2024 é de 147 trilhões de gigabytes. Nem tudo na forma de conteúdo publicado, é claro, mas boa parte, sim — e, por comparação, de acordo com os cálculos aproximados de um amador, a Biblioteca de Alexandria continha cerca de 12 gigabytes no total.) Tornou-se um onipresente problema moderno ter não só uma periclitante pilha de livros físicos na fila de leitura, como também uma pilha digital de artigos, sem mencionar a longa lista de episódios de podcast para escutar, vídeos ou programas para assistir e video games novos para jogar, se ao menos encontrássemos tempo para tudo isso.

Chega a ser engraçado, ainda que triste, pensar que nos primórdios da internet a sobrecarga de informação foi considerada um problema temporário. Sim, naquela época éramos inundados por um zilhão de postagens irrelevantes em blogs, e-mails e noticiários. Mas isso não duraria muito tempo, logo surgiriam tecnologias aprimoradas para nos ajudar a selecionar as informações mais relevantes e a descartar todo o resto. O verdadeiro problema, segundo o proeminente tecno-otimista Clay Shirky, não era a sobrecarga de informação, mas a "falha de filtragem". Tudo de que precisávamos — e que, presumia-se, em breve conseguiríamos — eram formas mais sofisticadas de separar o joio do trigo digital.

As coisas não funcionaram exatamente assim. O que aconteceu, em vez disso, foi um caso clássico de "armadilha da eficiência". Sem dúvida, os filtros melhoraram muito: tecnologias como o mecanismo de recomendação da Amazon são excelentes para encontrar novas leituras, enquanto as redes sociais, em termos ideais, correspondem a milhares de assistentes não remunerados que varrem o mundo em busca dos conteúdos que você demonstra ter certo interesse. Mas o resultado, e presumo que você concordará comigo caso tenha permanecido ativo na internet durante as últimas décadas, não foi mais sanidade e mais calma. Uma vez que a oferta de informações de interesse genuíno é, na prática, ilimitada, melhorar a eficiência com que as descobrimos significa apenas ser bombardeado com livros, artigos, podcasts, vídeos e qualquer outro tipo de mídia que contenham pérolas de sabedoria aparentemente cruciais para nossa felicidade e sucesso profissional. O desafio não é encontrar umas poucas agulhas relevantes em um palheiro de inutilidades. O desafio, nas palavras do crítico da tecnologia Nicholas Carr, é descobrir como lidar, no dia a dia, com as "pilhas de agulhas do tamanho de um palheiro".

É tentador imaginar se a solução não está em consumir os produtos digitais ainda mais rápido, talvez escutando audiolivros no dobro da velocidade ou realizando o sonho — que em geral não passa disso — de aprender leitura dinâmica. (Como diz Woody Allen sobre encarar *Guerra e paz* após um curso de leitura dinâmica: "O livro é sobre a Rússia".) Mas há conteúdo demais para isso. "Podemos eliminar cada nanossegundo de silêncio sem nunca chegar ao fim", observa um especialista em áudio, aludindo ao recurso de alguns aplicativos de podcast que permite ao ouvinte eliminar qualquer fragmento de silêncio reflexivo num episódio. "Você nunca será eficiente o bastante para [escutar] tudo antes de morrer." Mover-se com mais velocidade por uma série infinita de algo nunca o conduzirá ao fim dela. Processar maiores quantidades de conteúdo, com mais rapidez, sem nunca ter a satisfação de reduzi-las, apenas nos deixa mais dispersos e estressados.

Felizmente, existem três conselhos para nos guiar pelo mundo da informação infinita que são bem mais prestativos. O primeiro é: *trate sua pilha de leituras como um rio, não como um balde.* Ou seja, pense nela não como um recipiente que se enche pouco a pouco e que você deve esvaziar, mas como um curso d'água que corre ao seu lado, no qual você pode apanhar alguns itens aqui e ali sem se sentir culpado por deixar todos os demais serem levados pela correnteza. Em todo caso, quando paramos para pensar a respeito, há algo de arbitrário acerca de *quais* repositórios de informação definimos como baldes indutores de culpa. Algumas das pessoas de mais idade que conheço parecem acreditar que têm o dever moral de ler os jornais e as revistas entregues em sua residência. Assim como eu já fui atormentado por longas listas de favoritos no navegador da web. Contudo, ninguém parece se preocupar com o fato de que jamais conseguiremos ler todos os 13,5 milhões de livros guardados na Biblioteca Britânica. (Eles estão abrigados, junto com outros materiais impressos, em mais de setecentos quilômetros de prateleiras.) A mera existência de algo para ler não cria a menor obrigação de que o façamos, tampouco o fato de ter se infiltrado em nossa consciência, nossa casa e na internet.

O segundo conselho é: *resista à tentação de estocar conhecimento*. Ao menos quando se trata de livros de não ficção, tendemos a pressupor que o objetivo de lê-los (ou escutá-los) seja aumentar nosso armazém de conhecimentos e insights, à maneira de um esquilo que acumula nozes na boca, preparando-nos para um futuro em que talvez possamos tirar proveito de tal ação. (Essa mentalidade leva algumas pessoas a desenvolverem sistemas complicados para anotar o que leem, transformando o processo de leitura numa tarefa maçante que, perversamente, as impede de ler livros por não conseguirem encontrar ânimo para fazer anotações — e livros dos quais, caso contrário, poderiam vir a gostar ou se beneficiar.) A maioria dos benefícios a longo prazo da leitura surge não dos fatos que enfiamos no cérebro, mas das maneiras pelas quais somos transformados por ela ao moldar nossa sensibilidade, da qual um bom trabalho e boas ideias fluirão em um momento posterior. "Cada livro deixa sua marca", diz a consultora de arte Katarina Janoskova, "mesmo se ele não permanecer em nossa memória consciente."

O terceiro conselho, estreitamente relacionado ao anterior, é lembrar que *consumir informação é uma atividade do momento presente, assim como todas as outras*. Não se trata apenas de que a obsessão em reter fatos seja uma maneira pobre de colher os benefícios da leitura, mas também de que *qualquer* foco em "colher os benefícios" ameaça obscurecer o fato de que uma vida significativa, afinal de contas, deve envolver ao menos algumas atividades que apreciamos por elas mesmas no aqui e agora. Como resultado, nem sempre precisamos optar por ler o que é mais edificante, útil para nossas profissões ou endossado com mais entusiasmo pelos árbitros da cultura. Não há problema em ler apenas aquilo que parece ser mais divertido de vez em quando. Passar meia hora lendo algo interessante, comovente, inspirador ou meramente prazeroso pode valer a pena não apenas em função de aprimorar o seu futuro — embora isso também ocorra —, mas sobretudo em nome dessa meia hora em que estamos vivos.

Sexto Dia
É impossível se importar com tudo
Sobre permanecer são em um mundo caótico

Ser sábio é a arte de saber o que ignorar.
William James

Em seu livro de memórias, o falecido filósofo francês Raymond Aron conta de uma gloriosa manhã na década de 1930, quando passeava por Paris com a esposa Suzanne e a filha recém-nascida. A cena é fácil de imaginar: a cidade toda aproveitando o sol, conversando à sombra das árvores ou tomando café e fumando em mesas de bistrô nas calçadas. Bem, quase a cidade toda: no Jardim de Luxemburgo, Aron avista uma amiga da École Normale Supérieure, Simone Weil, que parecia transtornada. Os Aron perguntam qual é o problema. "Está acontecendo uma greve em Xangai", responde Weil, os olhos marejados de lágrimas, "e os soldados dispararam contra os trabalhadores!"

Weil, como explica o acadêmico Alain Supiot, "era uma dessas pessoas que nunca conseguem se abstrair da torrente de sofrimento na qual a humanidade vive mergulhada". Não cabe a mim dizer que Weil estava *errada* em se angustiar com um horror que se desenrolava a milhares de quilômetros dali e com o qual não tinha nenhuma ligação pessoal. Certo nível de preocupação com o sofrimento de desconhecidos distantes é sem dúvida louvável e, entre muitos de seus admiradores atuais, a mística judaica-católica--marxista é tida como santa. Mas posso afirmar com segurança que a maioria de nós seria totalmente incapaz de funcionar se absorvesse o impacto emocional de todos os assassinatos ou atos de injustiça do mundo como se estes fossem perpetrados contra alguém que amamos. E, no entanto, isso não está muito longe do que se espera de nós hoje em dia.

Talvez pareça estranho afirmar algo assim sobre uma era com frequência caracterizada como sem precedentes em termos de egoísmo e insensibilidade. Graças à tecnologia digital, porém, é também uma época na qual, presumindo que você seja o tipo de pessoa que considera seu dever se importar com *qualquer coisa* acontecendo para além das paredes da sua casa, é provável que você esteja vivendo se sentindo obrigado a se importar com *tudo* muito intensamente.

Em parte, isso acontece porque vivemos mais conectados do que nunca, de modo que qualquer pessoa com acesso às redes sociais pode ver-se, a todo tempo, requisitada a se importar com mais sofrimento do que os maiores santos da história teriam suportado no decorrer de toda a existência. Mas é também uma consequência específica da "economia da atenção" online, em que a mercadoria de real valor — aquilo que permite a anunciantes, empresas de redes sociais e diversas organizações de notícias faturarem — não são as notícias em si, mas a nossa atenção. A essa altura, compreendemos que tal arranjo intensifica a proeminência das inúteis rixas entre celebridades, das polarizadoras teorias da conspiração e dos vídeos de pessoas se humilhando em público:

a relevância de uma informação não importa, contanto que ela seja envolvente. Algo menos óbvio é o modo como a mesma dinâmica pressiona até os mais idôneos grupos de ativistas e organizações de mídia a fim de exagerar a importância de qualquer matéria ou causa, pois cada informação está presa em uma corrida armamentista online em busca da nossa atenção. O resultado é que mesmo quando algo no noticiário é de fato grave, podemos ter certeza de que nos será apresentado sob uma luz ainda mais sombria — exceto em alguns cantos da internet onde se ganham mais likes com a negação, também enganosa, de sua ocorrência.

Em 2016, após a eleição de Donald Trump e o resultado do referendo sobre o Brexit, notei pela primeira vez o efeito bizarro que toda essa onda de informação causava em mim e, de um jeito mais agudo, em alguns amigos e conhecidos. Não se trata apenas de que as pessoas estivessem viciadas em navegar por notícias negativas (embora sem dúvida estivessem), mas sim de que passaram a "viver dentro do noticiário". As notícias se tornaram o centro de gravidade psicológico de suas vidas, por vezes mais reais do que a realidade do lar, dos amigos e das carreiras, a qual suas consciências visitavam apenas de vez em quando antes de voltar ao evento principal. Elas pareciam pessoalmente mais envolvidas com a possibilidade de Trump demitir o secretário de Estado, ou em saber quem ele nomearia para a Suprema Corte, do que nos dramas pessoais e locais que ocorriam no trabalho, na família e na comunidade ao redor delas. Claro, as intenções eram boas, e me parece até um pouco deselegante afirmar que tal comportamento não contribui em nada para fazer do mundo um lugar melhor. Viver dentro do noticiário *dá a sensação* de estar cumprindo o dever de ser um bom cidadão. Mas para uma pessoa se manter informada bastam dez minutos por dia; navegar mais do que isso ameaça ser incapacitante e paralisante, e sem dúvida consome um tempo que poderia ser usado para uma contribuição mais significativa. O escritor canadense David Cain concebe um modo diferente de fazer as coisas:

> Imagine se toda a "preocupação pública" disponível sobre um dado assunto pudesse ser coletada num barril imenso [...] e redistribuída entre menos pessoas. Em vez de cinquenta milhões de indivíduos se importando seriamente com um assunto por apenas seis horas, podemos diluir cerca de trezentos milhões de horas de preocupação pública entre três mil pessoas que o consideram uma questão primordial por uma década. [...] Não é possível realocar a preocupação pública como se fosse água num barril, [mas] talvez cada um de nós, em particular, possa ficar um pouco mais concentrado. Imagine se fosse normal todo mundo se concentrar dez vezes mais sobre um ou dois assuntos de cada vez e não assumir o fardo emocional de dezenas deles ao mesmo tempo [...], sentindo-se impotente em relação ao "estado do mundo".

Em outras palavras: escolha suas batalhas e não se sinta mal por fazê-lo. Ao aceitar suas limitações dessa forma, você estará em posição de vantagem para lutar as batalhas que escolher e também para se sentir melhor consigo mesmo em relação à pessoa que tenta se importar com tudo. (Que, na verdade, pode estar mais focada em tentar *mostrar* para os outros que ela se importa com tudo.) Meu exemplo favorito diz respeito a Erik Hagerman, ex-executivo de uma empresa de calçados e abnegado opositor de Trump, tema de uma matéria no *New York Times* em 2018, na qual foi apresentado como uma espécie de Simone Weil às avessas: em vez de tentar absorver o sofrimento do mundo todo, optou por viver como se a tumultuada vida pública americana simplesmente não existisse. Não consumia noticiário algum e sempre que saía de casa para tomar um café com bolinho na lanchonete local usava fones de ouvido reproduzindo ruído branco para não escutar os demais clientes falando de política. Como era de se esperar, a mídia conservadora o qualificou como liberal choramingão, enquanto a mídia progressista o nomeou um monstro do privilégio. Um jornalista o acusou de ser "a pessoa mais egoísta da América", acrescentando: "Nem todo mundo pode se dar ao luxo da ignorância. Pessoas cujas famílias estão sendo dilaceradas [pela política de imigração americana] não têm o direito de permanecer ignorantes. Pessoas afetadas pela violência das armas também não".

E, no entanto, será que Hagerman simplesmente não avaliou sua capacidade de se importar e decidiu alocá-la de um jeito mais extremo do que a maioria de nós? Hagerman aproveitou o tempo livre, explica o *Times*, para restaurar uma área pantanosa que havia comprado e que, quando terminasse, planejava preservar para acesso público. Ele previu que o projeto exigiria a maior parte de suas economias. Há modos mais egoístas de levar a vida.

Antes se dizia de certas notícias horríveis que "se você não está indignado, é porque não prestou atenção". Mas isso é relíquia de um tempo em que as pessoas dispunham de atenção para dar e vender, e em que não era do interesse dos veículos midiáticos instigar a nossa indignação a todo instante. Na era da escassez de atenção, o supremo ato de cidadania talvez esteja em aprender a não prestar atenção em nada, exceto nas batalhas que decidimos lutar.

Sétimo Dia
Que o futuro seja o futuro
*Sobre lidar com os problemas
apenas quando eles chegarem*

*Tu não perguntes (é-nos proibido pelos
deuses saber) que fim a mim, a ti,
os deuses deram, Leucônoe, nem ensaies cálculos babilônicos.
Como é melhor suportar o que quer que o futuro reserve,
quer Júpiter muitos invernos nos tenha
concedido, quer um último,
este que agora o tirreno mar quebranta
ante os rochedos que se lhe opõem.*

*Sê sensata, decanta o vinho, e faz de uma longa esperança
um breve momento. Enquanto falamos,
já invejoso terá fugido o tempo:
colhe cada dia, confiando o menos possível no amanhã.*
Horácio

Lembro o exato lugar onde estava quando minha ficha caiu para uma frase que, àquela altura da vida, eu devia ter escutado um milhão de vezes desde criança: "Esta ponte a gente atravessa quando chegar a hora". Eu esperava o metrô na estação da Union Street, no Brooklyn, com a cabeça cheia de preocupações como de costume, dessa vez pensando na logística da mudança iminente de apartamento, embora pudesse estar pensando em qualquer outra coisa. Eu queria saber se conseguiria me mudar na data desejada, algo que só saberia quando a inquilina atual finalizasse os próprios planos. De repente, toda essa elucubração me pareceu muito absurda: eu tentava me tranquilizar sobre um assunto que, como os filósofos gostam de dizer, não tinha "realidade factual". A questão não era que eu ainda não sabia a resposta, e sim que não haveria resposta senão em algum momento do futuro próximo. Tratava-se de uma ponte que eu só poderia cruzar quando chegasse a hora.

Em determinados aspectos, é fácil constatar as limitações humanas: nosso tempo de vida curto, por exemplo, ou nossa quase incapacidade de controlar as ações alheias. Mas uma das ilustrações mais significativas disso pode ser difícil de perceber: o modo como estamos presos ao presente irremediável, confinados a este momento específico, incapazes de ficar na ponta dos pés e dar uma espiada por cima da cerca para ver o futuro e saber se está tudo bem por lá. É algo bastante perturbador, significa que sofremos do que o psicólogo Robert Saltzman chama de "total vulnerabilidade aos acontecimentos". É um fato da vida que tudo, ou ao menos tudo que seja consistente às leis da física, pode acontecer a qualquer momento. Sem ao menos imaginar, "podemos num instante perder um amigo ou companheiro querido para sempre", Saltzman escreve, pessimista. Pode não ser provável que, digamos, um buraco se abra no chão para me engolir na próxima vez que eu sair para fazer compras no supermercado, mas a verdade incontornável é que nunca se pode descartar uma possibilidade. Minha esposa recorda com vividez o momento em que, na adolescência, após passar toda a infância frequentando o cinema, se deu conta de que se algo terrível acontecesse com ela ou com alguém que amava, uma trilha sonora trágica e emocionante não tocaria de fundo. Apenas aconteceria. Tudo sempre pode acontecer.

Em geral tentamos resistir a esse pavoroso estado de coisa nos preocupando. O que é a preocupação, em essência, senão a atividade mental de tentar imaginar cada uma das possíveis pontes que teremos de atravessar no futuro e como faremos para atravessá-las? O caráter compulsivo e repetitivo da preocupação deriva do fato de que, para humanos finitos, tais intentos são duplamente impossíveis. Primeiro, não é possível pensar em todos os desafios que por ventura enfrentaremos. Segundo, mesmo que fosse possível, o conforto que almejamos só resulta da consciência de que atravessamos sãos e salvos as pontes em questão — algo que ninguém saberá enquanto não as atravessar de fato. Desse modo, como escreve Hannah Arendt, "atrelados ao anseio e ao medo das incertezas futuras, despimos o agora de sua calma, de seu valor intrínseco, incapazes de desfrutá-lo. E, assim, o futuro destrói o presente".

Há uma tendência, no mundo da autoajuda, em retratar a preocupação como um ato de irracionalidade, mas no ambiente pré-histórico em que os humanos evoluíram, ela fazia todo sentido. Naquela época, as coisas aconteciam muito rápido. Se você ouvisse um farfalhar nos arbustos, era uma questão de vida ou morte se concentrar no que poderia estar causando o barulho, ação acompanhada por um pico de ansiedade: a reação à movimentação o manteria alerta por alguns segundos, o suficiente para confirmar que não passava de um pássaro inofensivo. O problema é que hoje vivemos no que costuma ser chamado de "ambiente de retorno atrasado", em que levamos semanas ou meses para descobrir se um problema em potencial é real ou não. Se sua preocupação diz respeito a algo menos imediato do que um farfalhar nos arbustos — como aguardar que um comitê se reúna no próximo mês para avaliar seu pedido de subsídio —, sua ansiedade não tem nenhum comportamento útil para motivar e, portanto, nenhum lugar para ir. Assim, ela permanece em um ciclo repetitivo, distraindo-o das tarefas que poderiam de fato tê-lo ajudado a construir uma margem de segurança para o futuro.

Só porque a certeza em relação ao futuro está descartada não significa que não devemos ter confiança em nossas habilidades para lidar com o futuro quando chegar a hora. Como o célebre imperador estoico Marco Aurélio afirma nas *Meditações*: "Não te inquietes com contingências futuras. Pois, caso seja preciso, tu as presenciarás com a mesma razão que usas agora no presente". Podemos dizer que o indivíduo preocupado entende as coisas exatamente ao contrário. Vive tão aterrorizado com a insegurança de não conseguir recorrer a seus recursos internos quando estiver diante da ponte que empreende um esforço sobre-humano para tentar controlar o futuro hoje mesmo. Na verdade, ele deveria dedicar menos energia a manipular o futuro e ter mais fé na própria capacidade de lidar com os desafios da vida à medida que eles aparecem. *Caso* apareçam, quero dizer. A expressão de Marco Aurélio — "caso seja preciso" — é um lembrete útil de que a maioria das pontes com as quais nos preocupamos acaba nunca precisando ser atravessada.

O fato de que não podemos cruzar pontes antes de chegar a elas pode soar desanimador, já que não nos deixa outra opção a não ser seguir avançando, penosos e vulneráveis, através da neblina, tentando não pensar nos abismos. Mas ele também contém uma dádiva oculta. Afinal, se estamos aprisionados no presente irremediável, depreende-se que nossa responsabilidade não pode se estender além do momento seguinte, que nosso trabalho é sempre fazer o que Carl Jung chama de "a coisa seguinte e mais necessária" da melhor forma possível. Por vezes, a coisa mais necessária pode ser algum planejamento criterioso para o futuro, mas podemos cuidar disso e depois deixar o assunto de lado para seguir em frente. Não precisamos tentar conceber em nossa mente dez etapas adiante, esforçando-nos ao máximo para ter certeza do que está por vir. Assim, paramos de nos preocupar com tudo o tempo todo, exceto em como passar o instante seguinte de maneira sábia, prazerosa ou, no mais, significativa. Seres humanos finitos não precisam se preocupar com nada além disso.

Segunda Semana

Agindo

A ação não é um fardo a ser carregado sobre os ombros. É algo que nos faz. O trabalho que temos pendente pode ser visto como uma espécie de despertar para a vida.
Joanna Macy

Oitavo Dia
Ao encalço das decisões
Sobre escolher um caminho na floresta

Em relação ao darma, convém-nos não vacilar!
Bhagavad Gita

Caso ainda não esteja claro, volto a frisar: aceitar suas limitações não é uma questão de se contentar com pouco na vida. Não tem nada a ver com ficar esperando sentado que as coisas aconteçam. Recuso-me a endossar a ideia de que "somos seres humanos, não fazeres humanos" — frase atribuída ora a Kurt Vonnegut, ora a Dalai Lama, ora ao pastor Rick Warren, e popular entre grupos espirituais autoproclamados. O objetivo de encarar a verdade sobre a finitude é facilitar a iniciativa de direcionar nosso tempo para atividades valiosas e enriquecedoras, uma vez que não estamos mais tentando realizá-las todas, realizá-las à risca ou realizá-las com segundas intenções a fim de sentir segurança ou controle sobre as circunstâncias da vida. Por isso, nosso foco nesta segunda semana reside na arte de realizar ações imperfeitas. E não conheço maneira melhor de começar — sobretudo naqueles dias quando estamos atolados em procrastinações ou incapazes de pensar no que fazer a seguir — do que procurando algum tipo de decisão que você pode tomar. E então tomá-la.

Há uma vasta literatura acadêmica e popular sobre a arte de tomar decisões que, em grande parte, erra o alvo ao tratá-las como coisas que só *acontecem*. Como se estivéssemos sentados atrás de nossa enorme mesa de diretor, bebericando café, e, de tempos em tempos, um subordinado entrasse correndo na sala com uma pasta de documentos que contenha algumas decisões para tomarmos. Talvez seja assim para os presidentes e líderes do mercado — e de vez em quando as decisões surgem à mesa para o resto de nós também, em sentido figurado. Você deve aceitar uma oferta de emprego? Dizer sim ao pedido de casamento? Entregar sua carteira para o ladrão ou reagir? Na maioria das vezes, porém, o caminho mais enriquecedor é pensar nas decisões não como coisas que acontecem, mas como coisas das quais precisamos ir atrás. Em outras palavras: agir pelo pressuposto de que em algum lugar, nos pepinos do trabalho e da vida, espreita pelo menos uma decisão que você pode tomar de imediato para sair de um determinado impasse e seguir em frente.

O coach executivo Steve Chandler, no livro *Time Warrior* [Guerreiro do tempo], refere-se a esse tipo de processo decisório como "escolher", contrastando-o com as atividades voltadas a "tentar decidir" ou "pensar no que fazer", que até soam semelhantes, mas são bem diferentes. Você pode desperdiçar meses tentando, sem sucesso, descobrir a melhor maneira de começar o roteiro que pretende escrever. Mas pegar as três cenas iniciais que imaginou e escolher apenas uma é um trabalho instantâneo, sem dúvidas dentro de suas capacidades. Ou suponha que você alimente uma vaga aspiração de pedir demissão. Esse é o tipo de dilema sobre o qual as pessoas queimam a cabeça durante anos. Mas, neste exato momento, e ao longo dos próximos três minutos, é fácil escolher quem do seu círculo social pode lhe dar os melhores conselhos sobre a questão e enviar uma mensagem a esse contato convidando-o para um café. "A maioria das pessoas acredita que seu problema é um déficit de *saber*", escreve Chandler, "que não *sabem* o que fazer, de modo que levarão tempo até começarem a agir". Mas escolher? "Não demanda tempo algum. Quando escolhemos, está escolhido."

Vendo por esse lado, é possível argumentar que tomar decisões define uma vida que acata seus limites. O fato de que nosso tempo é limitado — e de que só podemos estar em um lugar por vez — significa que a todo momento estamos optando por não andar em uma infinidade de caminhos alternativos na vida. Cada caminho se ramifica em outras infinitas possibilidades e assim por diante, sem nunca parar, como o vasto delta de um rio em que podemos escolher seguir por qualquer um de seus incontáveis regatos. Mas apenas um. E por isso a indecisão pode parecer tão estranhamente confortável: é uma forma de procrastinação, um escape temporário dos dolorosos sacrifícios envolvidos na decisão. (Ou seja, é uma maneira de tentar contornar a inevitabilidade das consequências, tema que será examinado no "Terceiro Dia".) Tomar uma decisão — qualquer que seja — corresponde a tomar as rédeas da situação. Significa admitir que estamos no caiaque em vez de fantasiar com superiates. Exige certa força de vontade, mas a recompensa tende a ser uma injeção instantânea de motivação porquanto redirecionamos nossas energias psicológicas de negação ou de procrastinação e nos concentramos em agir. Quando pegamos o embalo, cada decisão se mostra mais fácil de tomar do que a anterior.

Existem duas regras sobre o processo decisório que vale a pena ter em mente aqui. A primeira é que uma decisão não conta como tal enquanto não a pusermos em prática — no intuito de deixar fora de alcance algumas das alternativas descartadas. Apenas dizer a si mesmo que você decidiu, sem tirar a decisão da sua imaginação, não basta. É preciso começar a escrever a cena de abertura do roteiro, trilhando esse caminho criativo em detrimento de todos os demais. É preciso enviar o e-mail para seu amigo sobre o café, transformando sua dúvida pessoal sobre o emprego em algo que agora existe no mundo exterior.

A outra regra, contrabalançando a primeira, é que contanto que uma decisão atenda ao mencionado teste prático, ela pode ser tão ínfima quanto quisermos. Não são necessários gestos grandiosos. Ninguém precisa sair de "pensar em mudar de carreira" e ir direto a "passar na sala do chefe para pedir demissão". Pequenos passos são aceitáveis, só precisam ser reais. (O que o romancista E. L. Doctorow confessa sobre escrever romances também vale para entender o processo decisivo: é "como dirigir à noite. Enxergamos apenas até onde a luz dos faróis alcança, mas conseguimos fazer a viagem inteira assim".) Continue a tomar pequenas decisões reais e, quando chegar o momento de se demitir, a visita ao chefe será apenas mais um passo gradativo.

O tema da decisão e da escolha naturalmente me traz à mente um dos poemas mais famosos já escritos: "The Road Not Taken" [O caminho não trilhado], de Robert Frost. Você sabe, aquele sobre as estradas bifurcadas no "bosque amarelado" e sobre como o eu lírico opta pela via "menos trilhada", afirmando que a escolha "fez a diferença". A interpretação mais difundida do poema é pouco mais do que uma celebração batida do sonho americano. "Rejeite as convenções! Siga seu próprio caminho, acredite em si mesmo e o sucesso estará garantido!" Mas como explica o poeta David Orr no livro *The Road Not Taken*, trata-se de algo bem mais complicado. O poema de Frost subverte a leitura convencional em quase todos os versos. Pouco após o eu lírico descrever a estrada menos trilhada, ele admite que outros viajantes deixaram ambos os caminhos "gastos na mesma medida". E lendo com mais atenção, vemos que ele tampouco garante que o caminho trilhado "fez a diferença" em sua vida. Como poderia saber se nunca pôde compará-lo ao outro caminho? O que o eu lírico talvez esteja dizendo é que quando for velho, "eras e eras no futuro", imagina ser a iniciativa aquilo que o *alegará*. Pois vai tentar racionalizar as escolhas que fez — como todo mundo sempre faz.

A perspicácia do poema de Frost, considerando a segunda interpretação, não está na ideia de que devemos optar por uma vida anticonvencional, mas no entendimento de que a única maneira de levar uma vida autêntica é aceitar a necessidade de tomar uma decisão atrás da outra e que cada uma delas molda nossa vida para sempre, ainda que seja impossível saber de antemão qual é a melhor escolha. Na verdade, mesmo em retrospecto nunca descobriremos — afinal, por mais favoráveis ou terríveis que sejam as consequências de seguir esse ou aquele caminho, jamais saberemos se uma escolha diferente teria resultado em algo melhor ou pior. Ainda assim, para prosseguir, é preciso escolher e continuar escolhendo. Se o eu lírico de "The Road Not Taken" não tivesse tomado uma decisão consciente, teria tomado uma decisão inconsciente: a de permanecer parado na bifurcação das estradas, paralisado pela ambivalência, à espera de algo acontecer.

Nono Dia
Termine o que começou
Sobre a magia das coisas concluídas

> *Quando meu marido lava a louça, sempre esquece um prato na pia ou deixa algo por limpar. Tentei corrigi-lo, mas lembrei-me de que se terminar tudo que há em minha pasta de "Tarefas em Andamento", receio morrer.*
> Sarah Manguso

Há uma energia misteriosa em terminar as coisas. À primeira vista, seria de presumir que chegar ao fim de um projeto nos deixa esgotados, sobretudo se for algo sobre o qual nos debruçamos por um longo tempo. Mas ao contrário, a verdade é que finalizar tarefas recarrega nossas energias. De tal modo que criar o hábito de terminar o que começamos gera o combustível para uma produtividade significativa no futuro.

Perfeccionistas adoram começar novos projetos, afinal o momento inicial pertence ao âmbito das coisas ilimitadas: enquanto não colocam a mão na massa, ainda podem acreditar que o resultado corresponderá ao ideal da imaginação. A pessoa se refestela na sensação da pura potencialidade, é como abrir as cortinas pela manhã de um fim de semana na infância e ver as ruas e os jardins cobertos pela neve recém-caída. Terminar o que foi começado, por outro lado, significa se esforçar para superar a realidade caótica e imperfeita que o projeto se tornou — a analogia com a infância que isso evoca, para mim, é a de chegar ao fim de uma redação de história. (E não porque eu não gostasse de escrever redações de história, fui um baita nerd e provavelmente gostava mais de fazer lição de casa do que de brincar na neve. Mas gostava apenas de *começar* a redação. Terminá-la, tomado pelo desgosto com o resultado, era uma tortura.)

Os psicólogos sociais descrevem esse fenômeno usando a linguagem da "teoria dos construtos pessoais", que diz respeito à concepção de objetos e eventos a partir de perspectivas mentais obtidas em diferentes níveis. O exemplo clássico são as férias. Considere como gostaria de passar o próximo verão e você o imaginará, em termos figurados, de 10 mil metros de altitude: é possível que se veja "indo à praia", "caminhando pelas montanhas" ou "relaxando com a família". Mas à medida que as férias se aproximam, você desce alguns milhares de metros e começa a focar os detalhes: qual praia, quais trilhas, quais restaurantes para conhecer e assim por diante. No início de qualquer projeto importante, enxergamos seus contornos vagamente, ainda um pouco borrados; é apenas conforme mergulhamos nos detalhes que descobrimos suas falhas, bem como o comprometimento e o trabalho que serão exigidos de nós ao longo do processo. Nesse ponto, cometemos o erro de presumir que um *novo* projeto pode se ver livre de imperfeições. Claro, verdade seja dita, o que torna o começo do projeto mais atraente é o fato de nós o enxergarmos de longe, mentalmente — nas palavras da psicóloga e autora Jude King, não percebemos que "todo objetivo que vale a pena é, por definição, difícil, sem charme e sem glamour", pelo menos durante o período em que colocamos a mão na massa para valer.

Por outro lado, na prática, começar uma coisa atrás da outra repetidas vezes e raramente terminá-las, ou terminá-las apenas por obrigação, é o molde de uma receita para a infelicidade. Finalizamos poucas metas significativas porque, entre outros motivos, sempre que encontramos alguma complicação, em seja lá o que estivermos fazendo, nos refugiamos no conforto de diversos outros projetos inacabados. E assim nunca acumulamos um histórico de realizações das quais nos orgulhar, tampouco nos beneficiamos dos possíveis feedbacks caso tivéssemos compartilhado o trabalho com outras pessoas. Somos dominados pelo autodesprezo e nos sobrecarregamos com a quantidade de coisas pendentes na nossa lista de "tarefas a fazer". As pessoas acreditam que terminar uma atividade "suga ainda mais suas energias, e sentem cansaço só de pensar a respeito", como escreve Steve Chandler. Não se dão conta de que, na verdade, "deixar as coisas inacabadas é o que esgota seus níveis de energia". (Ele sugere passar um dia completando, tal como um robô, a maior quantidade possível de tarefas não concluídas: "Observe, ao final do dia, quanta energia você tem. É de se admirar".)

O segredo para terminar as coisas quando as perspectivas parecem opressivas é redefinir o que conta como concluído. Em vez de encarar o término de um projeto como algo esporádico, que acontece apenas de vez em quando após dias ou semanas de trabalho, pense que seus dias consistem na conclusão em sequência de uma série de pequenos "entregáveis". Sim, trata-se de um jargão pavoroso do mundo dos negócios, evocativo de um ambiente impessoal no qual as pessoas falam em "salvar na nuvem" aprendizados críticos e em transformar competências essenciais "à prova de futuro". Mas é por esse exato motivo que gosto. É tão banal que esvazia a dramaticidade do ato de terminar, reformulando-o como algo tão rotineiro que tomamos coragem para fazê-lo em um dia qualquer.

Para definir seu próximo entregável, delineie os resultados que você deseja obter em uma tacada só — nos próximos minutos ou durante uma ou duas horas, no máximo. E então trabalhe até conseguir. Se for preciso mandar um e-mail complicado, escreva-o e clique em enviar, sem deixá-lo apodrecer na pasta de rascunhos. Quanto a projetos maiores, divida-os em partes: termine a pesquisa da primeira parte do seu relatório, escolha as tintas que quer usar para pintar a sala, monte um treino e agende sua primeira aula na academia. Comece e conclua. Ponha na lista de coisas feitas, se quiser. Depois, parta para o próximo item.

Conforme pegamos o ritmo, finalizar tarefas deixa de ser uma questão de ímpetos estressantes e ocasionais que exigem um esforço enorme. O dia a dia passa a envolver um processo discreto de mover pequenos pacotes, agora bem definidos, para a "gaveta dos concluídos" em nossa mesa de trabalho. Cada item encerrado fornece energia para o seguinte. Desconfio que esse esquema funcione tão bem porque corresponde a agir em harmonia com a realidade: para humanos finitos, todo momento é, de certa forma, um ponto final, vivido uma única vez e concluído para sempre. Tratar o que você faz com seu tempo como uma sequência de pequenas tarefas finalizadas corresponde a alinhar-se à realidade última das coisas. "O trabalho é feito, depois esquecido", diz o *Tao Te Ching*, de Lao-Tzu. "Logo, dura para sempre." Não estamos mais nadando contra a correnteza, mas nos deixando levar adiante por ela. A vida fica menos complicada desse jeito.

Décimo Dia
Descubra sua tarefa de vida
Sobre o que a realidade quer

Ir significa morrer e ficar significa morrer. Quando nos deparamos com encruzilhadas como essa, melhor fazemos em escolher uma morte que nos amplie do que uma que nos paralise.
James Hollis

Há uma cena no início da autobiografia de Carl Jung — *Memórias, sonhos, reflexões* — em que o futuro pioneiro da psicoterapia está agachado atrás de um arbusto no jardim da residência de sua família, na Suíça, escutando o pai conversar com um amigo. Nessa época, ainda adolescente, Jung não ia à escola havia quase seis meses devido a recorrentes desmaios relacionados a seu medo intenso das aulas de matemática. Por meses, desfrutou de férias involuntárias. "Em liberdade", relembra, "sonhava durante horas inteiras, à beira d'água, na floresta, ou então desenhava." Mas logo começou a sentir que, cada vez mais, permanecer em casa lhe furtava a vida. "Tinha como que a obscura consciência de fugir de mim mesmo", escreve. Certa vez, escutou o amigo do pai perguntar: "'E o seu filho, como vai?' Meu pai respondeu: 'Ah, é uma história penosa! Os médicos ignoram o que ele tem. Falaram em epilepsia: seria terrível se fosse incurável! Perdi o pouco que tinha e o que será dele se for incapaz de ganhar a vida?'".

Jung lembra de sentir "como se um raio" o atingisse ao escutar essas palavras, e que logo entendeu o que tinha de fazer. "Sofrera o duro embate com a realidade. — 'Ah, então é preciso trabalhar!', pensei. E a partir desse momento tornei-me uma criança sensata. Retirei-me cautelosamente, entrei no escritório de meu pai e, tomando uma gramática latina, procurei aplicar-me num esforço de concentração." Os desmaios voltaram, mas Jung seguiu em frente até que, enfim, cessaram. Como explica a terapeuta Deborah Stewart, Jung percebera que retomar os estudos era sua "tarefa de vida" essencial. Ele estava diante de um teste de caráter — e compreendeu que, se esperava progredir na vida, em vez de evitá-la deveria enfrentá-la.

A questão é surpreendentemente poderosa, em particular quando nos encontramos divididos entre diversas opções ou entre as pressões externas e nossas próprias ambições, ou ainda quando nos sentimos incapazes, por qualquer motivo, de imaginar o que fazer em seguida: qual é a tarefa de vida nessas circunstâncias? Esqueça o que *você* quer. O que a vida quer? (E se a ideia de que a vida seja capaz de "querer" algo lhe pareça uma afronta anticientífica, sua tarefa de vida no decorrer dos próximos parágrafos é deixar o ceticismo de lado.)

É fácil incorrer no erro de interpretar a história de Jung como um episódio no qual ele sucumbe à pressão paterna ou se sujeita à mensagem social de que o trabalho dignifica o homem (cuja popularidade podemos bem imaginar no contexto protestante da Suíça do século XIX). Mas não é isso que os junguianos querem dizer com "tarefa de vida". Por definição, uma tarefa de vida é tudo o que a *sua vida exige* de você, e embora possa coincidir com as expectativas de seus pais ou com os ideais sociais, ela igualmente pode divergir sem nenhuma dificuldade. Aconteceu do estalo de Jung o impelir na direção que o pai queria que ele seguisse. Mas assumir uma tarefa de vida também pode significar resistir às expectativas alheias. Às vezes, o necessário não é se dedicar aos estudos, mas largar a faculdade.

Como identificar sua atual tarefa de vida? É sempre uma questão de intuição, mas existem dois sinais que podem ajudá-lo a se orientar. O primeiro é que uma tarefa de vida será algo que você faz "apenas com esforço e dificuldade", como o próprio Jung diz. Mais especificamente, o sentimento da "boa dificuldade" advém de resistirmos à nossa arraigada preferência por conforto e segurança. Nas palavras do psicólogo junguiano James Hollis, uma tarefa de vida pode ser o tipo de projeto que te "amplia" em vez de proporcionar felicidade imediata. É nesse momento que você deve ser honesto consigo mesmo. Para alguns de nós, honrar uma tarefa de vida pode ser criar coragem para deixar um relacionamento ou um emprego. Mas talvez você seja uma dessas pessoas acostumadas a fugir de situações difíceis. Se for o caso, sua tarefa pode ser reunir a coragem de permanecer. E como as outras, ela *pode* consistir em largar tudo para se tornar um trabalhador voluntário — o dilema é que também existe a possibilidade desconfortável de que essa voz te dizendo para ser um trabalhador voluntário seja a voz internalizada da moralidade social, que julga saber melhor do que nós qual contribuição devemos oferecer ao mundo. Sua real contribuição talvez seja desenhar joias ou compor canções.

O segundo sinal é que uma tarefa de vida genuína, ainda que difícil, é algo que sempre conseguimos realizar. Se você tem apenas cinquenta reais no banco, sua tarefa de vida não exigirá a compra imediata de equipamentos de filmagem profissionais que custam milhares de reais (mas pode envolver algum tipo de iniciativa para conseguir o dinheiro). Se você é solteiro e cuida de três filhos pequenos, não envolverá trabalhar dezoito horas por dia numa start-up de tecnologia; e caso você não possa ter filhos, sua tarefa não será se tornar uma mãe ou um pai biológico. Entender essa dinâmica nos ajuda a diferenciar a ideia central de uma tarefa de vida de certas noções populares como "destino" ou "vocação", que muitas vezes nos levam a acreditar que deveríamos estar fazendo algo diferente caso as circunstâncias não nos impedissem. Com as tarefas de vida esse nunca será o caso porque, por definição, elas surgem das próprias circunstâncias da vida, sejam quais forem. Trata-se do que é exigido apenas de *você*, com suas habilidades particulares, recursos e traços de personalidade, no lugar onde você se encontra agora.

Quanto a saber se tudo isso não passa de uma ladainha terapêutica confusa e anticientífica, acredito que a resposta seja: não faz a menor diferença. Entender e procurar por nossas tarefas de vida, a todo instante, corresponde a uma mudança de perspectiva que nos possibilita sair da caixinha e elaborar novos pensamentos. Permite-nos escavar a crosta dos pressupostos que muito facilmente deixamos governar nossa vida: de que não nos resta outra opção a não ser continuar na mesma carreira, de que não devemos fazer escolhas que incomodem os outros ou de que somos obrigados a realizar coisas fantásticas o tempo todo.

O mais intrigante é que, embora possamos presumir que cumprir uma tarefa de vida seja opressivo — afinal, estamos falando em "cumprir tarefas" —, esse não é o caso. Pelo contrário, é algo que nos dá a sensação de ter um pouco mais de controle, pois nos endereçamos a questões presentes na vida que de fato levamos. Sempre há um próximo passo. E em certo nível, creio que sabemos de antemão quando estamos nos autossabotando, escondendo-nos da vida numa zona de conforto e fugindo dos desafios que a realidade nos impõe. Uma pergunta como "qual é a tarefa de vida aqui?" serve para trazer esse conhecimento à luz da consciência a fim de finalmente fazermos algo a respeito.

Décimo Primeiro Dia
Vá ao "quartinho da bagunça" e pronto
Sobre afeiçoar-se ao que você teme

Não podemos mudar nada a menos que o aceitemos como é.
Carl Jung

Pode ser assustador perceber o quanto a vida é moldada pelo que tentamos evitar. Falamos sobre "não conseguir fazer as coisas" como se a razão para isso fosse mera falta de organização ou vontade. Mas, muitas vezes, a verdade é que investimos um bocado de energia em criar empecilhos. É aquela velha história: ficamos ansiosos sempre que pensamos a respeito de determinada tarefa ou de determinada circunstância da vida, então apenas a evitamos. Você fica tão preocupado por ter menos dinheiro no banco do que imaginava que nem chega a verificar o saldo da conta. Ou tem tanto medo de que uma dor no abdômen seja sinal de uma doença grave que evita ir ao médico. Ou teme que tocar num assunto delicado com sua cara-metade possa levar a uma briga feia e assim permanece calado. Quantas vezes não me peguei evitando checar meus e-mails por medo de encontrar uma mensagem grosseira de alguém impaciente com a minha demora em responder?

Olhando pelo lado racional, esse tipo de procrastinação não faz o menor sentido. Se o seu saldo bancário está muito baixo ou se sua dor é sintomática de algo grave, encarar a situação é a única maneira de encontrar uma solução — até porque, convenhamos, não há estratégia melhor para garantir que alguém perca a paciência com a sua demora em responder do que continuar ignorando as mensagens na sua caixa de entrada do e-mail. Quanto mais organizamos a vida a fim de evitar as situações que nos deixam ansiosos, maior a probabilidade de que elas evoluam para problemas mais complicados — e mesmo que isso não aconteça, conforme deixamos de enfrentá-las, maior será o período de apreensão com o que pode estar à espreita nos espaços da vida que não queremos acessar. É irônico que esse cenário seja conhecido no mundo da autoajuda como "permanecer na zona de conforto", pois nada tem de confortável. Na realidade, implica se acomodar na permanente sensação de *desconforto* — uma preocupação no fundo da mente que às vezes parece útil ou virtuosa, embora não o seja — como o preço a ser pago para evitar um pico de ansiedade.

Com o tempo, descobri que o melhor a fazer é ir até o "quartinho da bagunça".

Aprendi a pensar sobre a procrastinação com Paul Loomans, monge zen holandês que aborda o assunto em um livro encantador intitulado *Time Surfing* [Surfando no tempo]. Loomans trata as tarefas e áreas da vida que evitamos como "ratos incômodos", mas rejeita o conselho comum de que devemos confrontá-los cara a cara — ou seja, parar de nhe-nhe-nhem e enfrentar a questão na base da força bruta. Tentar um embate direto serve apenas para substituir uma relação antagônica com seus roedores ("Fiquem longe de mim!") por outra ("Eu vou acabar com vocês!"). A longo prazo, transforma-se em uma bola de neve de procrastinação, afinal, quem quer passar a vida inteira brigando com ratos? O surpreendente conselho de Loomans é fazer amizade com eles. Dê atenção a seus ratos incômodos. Relacione-se com eles.

E como criar um relacionamento com roedores metafóricos? A resposta varia entre encontrar a maneira menos intimidadora de partir para cima deles e pedir ajuda a alguém. Mas também pode envolver algo à primeira vista tão passivo e ineficaz quanto apenas fechar os olhos e se imaginar tomando uma atitude. O que estamos procurando é um meio eficaz de "chegar lá" — nos termos da psicologia, um meio de começar a aceitar emocionalmente que a situação em foco já é parte da realidade, por mais que desejemos o contrário. Loomans dá como exemplo uma pessoa cujo quartinho da bagunça, por muito tempo negligenciado e abarrotado de tralhas, começa a se tornar uma crescente fonte de ansiedade e culpa:

> O conselho aqui é: vá ao quartinho da bagunça e pronto. Mas, por ora, não faça nada, apenas olhe em torno. Observe e avalie as condições. Procure se acostumar ao ambiente. E [...] as primeiras soluções surgirão naturalmente. Várias coisas deverão mudar de mãos e ser doadas. Outras aguardarão até aquela tarde de sábado em que você pensa: "Chegou a hora de limpar o quartinho". Você não está mais apreensivo com a tarefa, na verdade não vê a hora de começar.

Creio valer a pena observar que "fazer amizade com seus ratos" não é somente outra maneira de expressar o conselho batido de dividir tarefas intimidadoras em porções menores e mais viáveis. Quando o fazemos, fracionamos a ansiedade por reduzir a escala de ameaças; é como separar um rato do resto do bando para exterminá-lo com maior facilidade. Em contrapartida, mudar o tipo de relacionamento que temos com o rato corresponde a dissipar a ansiedade de uma vez por todas. Você o transforma em apenas mais uma faceta inofensiva da sua realidade, um amigo. Assim, o rato incômodo, na terminologia de Loomans, vira uma "ovelha branca": uma criatura mansa, dócil e fofa que te segue por todos os cantos até você decidir fazer algo a respeito dela. Ter uma porção de projetos não começados ou inacabados que se beneficiariam de certa atenção é uma das condições naturais dos seres humanos finitos. Mas não há a menor necessidade de se deixar atormentar. Uma vez estabelecido o relacionamento, cada projeto se torna uma ovelha branca que pacientemente aguarda sua vez de ser resolvido.

Um excelente modo prático de fazer amizade com os roedores incômodos é se perguntar o que de fato estamos *dispostos* a fazer para combater os desafios mais amedrontadores da vida. No início da década de 1970, a psicóloga cognitiva Virginia Valian ficou tão paralisada com a ansiedade do trabalho que não conseguia escrever sequer uma palavra em sua tese de doutorado, até que parou de se forçar a estudar como achava que deveria e se perguntou quanto tempo poderia gastar todos os dias com a pesquisa:

> Conversei a respeito do assunto com J., que mora comigo, e ele sugeriu três horas. Três horas! Só de pensar tive uma crise de ansiedade. E que tal duas horas? Duas horas! Só de pensar... Uma hora? Mais razoável, mas de todo modo impossível. Meia hora? Está esquentando, mas ainda é demais. Quinze minutos? Quinze minutos. Agora sim, esse era um número que eu conseguia imaginar. Uma quantidade de tempo boa e sólida, uma quantidade de tempo que eu sabia ser capaz de suportar todos os dias.

As pessoas riam quando Valian lhes contava sobre o plano de quinze minutos diários porque soava patético. Mas a verdade é que estava longe de sê-lo. Questionar-se sobre as reais implicações de fazer amizade com os roedores incômodos da vida é uma atitude que exige coragem genuína — mais coragem do que o confronto da abordagem tradicional, que mais parece uma briga de bar do que uma reconciliação. Ser amigo dos seus ratos é uma estratégia gentil, mas nada tem de submissa. É um método pragmático de maximizar sua margem de manobra e sua capacidade de progredir nos trabalhos mais importantes, ao passo que te faz cada vez mais disposto a admitir que as coisas são como são, quer você goste ou não.

Décimo Segundo Dia
Regras a serviço da vida
Sobre fazer as coisas "quase diariamente"

> *Ainda que leiamos não ser próprio dos monges fazer uso do vinho, como em nosso tempo disso não se podem persuadir os monges, ao menos convenhamos em que não bebamos até a saciedade, mas parcamente, porque "o vinho faz apostatar mesmo os sábios".*
> Regra de São Bento

Certa vez, tive a oportunidade de entrevistar Jerry Seinfeld e, como é de se esperar, perguntei-lhe sobre sua famosa estratégia criativa, o incrível segredo de produtividade que supostamente explica seu prolífico processo de escrita e sucesso mundial. A base da técnica é a seguinte: todo dia em que você conseguir dedicar um tempinho a seu principal projeto criativo — no caso de Seinfeld, escrever piadas para um show de stand-up —, risque-o no calendário com uma caneta vermelha. Faça isso todos os dias e ao final de uma ou duas semanas observe a gratificante série de Xs. A partir daí, a regra é não interromper a série. Eu queria saber como Seinfeld teve a ideia. Para ser sincero, também esperava que ele compartilhasse algum detalhe extra, algum ajuste fino a ser feito na técnica para turbinar sua eficácia.

Descobri que a Estratégia Seinfeld não passa de um comentário casual que ele fez para um aspirante a humorista em uma noite qualquer, décadas antes, e que logo foi esquecido por completo.

"É tão ridículo que nem parece valer a pena comentar!", explica Seinfeld.

> Se você corre e quer melhorar, então diz: "Bom, vou tentar correr todos os dias e marcar um X no calendário sempre que der certo!". Não consigo acreditar que isso tenha sido uma dica útil para alguém. Sério, quem é que pensa "vou ficar aqui sentado sem fazer absolutamente nada e de algum modo meu trabalho será feito"?

No mundo dos conselhos sobre produtividade pessoal, a Estratégia Seinfeld dá a ver a ideia de que devemos trabalhar em nossos principais objetivos todos os dias, sem falta. Mas a opinião de Seinfeld apenas reitera o óbvio: se você quer melhorar em algo, deve praticar muito e, de preferência, na maioria dos dias.

Uma regra muito melhor — e que, na minha opinião, reflete com mais precisão o modo como Seinfeld encara o trabalho — é fazer as coisas "quase diariamente" [*dailyish*]. Estou pegando o termo emprestado de Dan Harris, apresentador do podcast *Ten Percent Happier* [Dez por cento mais feliz], que o sugere sempre que alguém lhe pergunta com que frequência se deve meditar. Se você é do tipo ambicioso, "quase diariamente" pode soar um pouco autoindulgente. Não é. Na verdade, autoindulgente é a Estratégia Seinfeld: ao colocá-la em prática, a pessoa se ilude com a possibilidade de segui-la com perfeição dia após dia. Contudo, após refletir, é bem provável que ela concorde que a vida é imprevisível demais para agir sem errar e que seu humor está mais para uma montanha-russa de emoções. "Quase diariamente" é uma regra bem mais resiliente: não se parece tanto com uma corda bamba, em que um único erro pode ser fatal. Mas do ponto de vista emocional, é uma regra incômoda de seguir: fazer algo quase diariamente exige sacrificar nossas fantasias de perfeição em nome da desconfortável experiência de conquistar progressos concretos, ainda que imperfeitos, no momento presente. Em todo caso, "quase diariamente" não é sinônimo de "faça quando sentir vontade". Lá no fundo, você sabe que fazer algo duas vezes por semana não pode ser considerado "quase diariamente", enquanto cinco vezes por semana, ou entre três e quatro vezes em períodos mais agitados, é admissível. Dessa forma, continuamos a pôr um pouco de pressão sobre nós mesmos, mas — e isso é fundamental — sem alimentar a expectativa de que a regra nos obrigue a agir.

Acredito que seja esta a distinção crucial: o apelo tácito de muitos conselhos sobre produtividade, incluindo a Estratégia Seinfeld, reside na ideia tentadora de que existe uma regra, ou um conjunto delas, que nos obrigue a realizar uma atividade, tornando-a inevitável e automática. Ansiamos pela regra não porque somos preguiçosos, mas porque não confiamos completamente em nós mesmos para fazer a coisa certa sozinhos. Você pode estar inseguro em relação a como realizar seu trabalho, então acredita que seguir uma regra rígida sirva como substituto para os conhecimentos que te faltam. Ou talvez você seja um perfeccionista cuja autocrítica exige esforços sempre impecáveis, então busca uma regra para garantir que nunca cometa erros. Ou só não sente a menor vontade de fazer seu trabalho, mas pensa que deveria, e por isso procura um sistema para forçar o desejo ausente a se materializar. Queremos uma regra que assuma por nós o fardo de viver. É um quiproquó: nós a seguiremos religiosamente e, em troca, não teremos de assumir tantas responsabilidades, a todo instante, para extrair o máximo proveito da vida.

No entanto, pensando bem, é impossível que tal regra exista de fato. Por mais que às vezes desejemos, não há como terceirizar o trabalho de viver: até mesmo o mais fiel e rigoroso entusiasta de regras, ao implementar um cronograma complexo ou um conjunto de diretrizes comportamentais, está optando por segui-las momento após momento. Ele poderia decidir ignorá-las. Gostemos ou não, estamos sempre no controle do caiaque.

São Bento de Núrsia, cujos princípios de organização para a vida comunitária dos mosteiros cristãos são seguidos por diversas ordens católicas, parece ter passado por uma revelação dessa exata natureza já na meia-idade. São Bento almejava criar comunidades monásticas que fossem baluartes contra a chocante imoralidade que o espantava na Europa do século VI. Mas suas primeiras experiências o levaram a alterar radicalmente a estratégia. Ainda um jovem inocente, segundo se conta, organizou um grupo de monges noviços sob um arcabouço de regras tão exigentes que vários deles conspiraram para envenená-lo — duas vezes. Em contrapartida, a Regra de São Bento, escrita durante a velhice, permanece relevante até os dias de hoje como modelo de moderação por equilibrar, com elegância, a necessidade de ordem com a necessidade de liberdade individual e a necessidade de solidão monástica com a necessidade humana universal de uma vida social. A Regra também admite, no lindo excerto citado em epígrafe, que monges podem apreciar uma bebida de vez em quando assim como todos nós. Ao que me parece, em algum momento após as tentativas de assassinato, São Bento compreendeu que o importante não é passar a vida a serviço das regras, mas o contrário: as regras devem estar a serviço da vida.

"Quase diariamente" é uma regra que entende esse preceito. Ao não insistir que façamos algo todos os dias, ela tira o foco da questão sem sentido de monitorar uma série ininterrupta de Xs vermelhos e o devolve à vida que ela deve servir, seja qual for a ideação que tentamos materializar: um texto, uma obra de arte, uma família feliz, um corpo saudável etc. Será que alguém *realmente* acredita que o sucesso de Jerry Seinfeld se deve a observância assídua de uma técnica que lhe ocorreu por acaso? Claro que não. Deve-se ao talento e, quem sabe, a uma dose de sorte e disposição para continuar a se apresentar e se desenvolver, quase diariamente, no contexto imprevisível da vida real. É evidente: o objetivo nunca foi completar um mês inteiro de Xs vermelhos, mas sim fazer as pessoas rirem.

Décimo Terceiro Dia
Três horas
Sobre se concentrar em meio ao caos

Toda manhã [...] por volta das 9h30, após o café, como que movidos por uma lei incontestável da natureza, saíamos e "trabalhávamos" até o almoço. É surpreendente quanta coisa se pode produzir em um ano, sejam pães, livros, panelas ou pinturas, se trabalharmos com afinco por três horas e meia todos os dias, por 330 dias [no ano]. É por isso que, a despeito de suas dificuldades, Virginia foi capaz de escrever tanto.
Leonard Woolf

Se as regras devem estar a serviço da vida e não o contrário, infere-se que, para usufruirmos do nosso tempo, não devemos contar com a existência de muitas regras gerais.

Afinal, cada vida é única e não permanece a mesma por muito tempo. Ainda assim, existe uma regra que chega perto. Se você é um "trabalhador do conhecimento" — ou seja, se lida com tarefas que envolvem computadores, palavras e ideias, e não com trabalhos manuais —, obterá maior progresso e cobrirá mais terreno ao se limitar a três ou quatro horas diárias de foco mental intenso.

É um pouco inquietante, para ser franco, a frequência com que esse intervalo de horas específico aparece em relatos biográficos da rotina de artistas, autores, cientistas, compositores e muitos outros. Charles Darwin, trabalhando na teoria da seleção natural, concentrava-se por dois períodos de noventa minutos e um período de uma hora todos os dias. Virginia Woolf, escrevendo por três horas e meia após um sossegado café da manhã, produziu nove romances, cerca de cinquenta contos, três ensaios e dezenas de outras obras mais curtas em vida. O matemático Henri Poincaré estudava intensamente das dez da manhã ao meio-dia e das cinco às sete da tarde para então dar seu trabalho por encerrado. Charles Dickens, Thomas Jefferson, Alice Munro e J. G. Ballard trabalhavam por períodos de tempo similares, assim como Anthony Trollope, que alegou, um pouco irritante, conseguir escrever 250 palavras a cada quinze minutos durante três horas de foco pelas manhãs, antes de sair para trabalhar nos correios. "Três horas por dia", observa Trollope, "produzem tudo que um homem tem a escrever." Vários desses exemplos vêm do livro *Rest* [Descanso], de Alex Pang, que reúne casos e pesquisas que ajudam a explicar a eficiência da estratégia: o foco consome energia, por isso é mais eficaz mantê-lo intenso apenas durantes as horas de pico do que parcial ao longo do dia todo; e a criatividade parece depender de processos que ocorrem no cérebro quando *não* estamos focados. (Limitar o tempo dedicado a um trabalho no qual estamos muito investidos também ajuda a reduzir a sensação de confronto ou sobrecarga que leva à procrastinação.)

Não faz muito sentido tentar copiar a rotina de qualquer uma dessas figuras, a maioria delas tinha um séquito de criados, ou uma esposa, que lidavam com os assuntos maçantes da vida, de modo que podiam aproveitar o tempo livre para caminhar pelo campo, jogar tênis ou bebericar coquetéis. Mas a relativa uniformidade das horas de foco intenso sugere o que passei a chamar de "regra das três ou quatro horas" para a realização de trabalhos criativos. Ela se divide em duas partes. A primeira é reservar — até onde sua situação permite — um período de três a quatro horas diárias, livre de compromissos ou interrupções. A segunda parte é não se preocupar em ordenar o resto do dia: aceite que as demais horas se caracterizarão pelo habitual caos fragmentário da vida.

Essa estratégia descomplicada encerra uma sabedoria maior do que parece à primeira vista. Para começar, admite que a maioria das pessoas não tem capacidade para mais do que algumas horas diárias de concentração intensa, mas respeita nossos limites de outra maneira importante: ela nos liberta da vã aspiração perfeccionista de tentar fazer o dia transcorrer segundo nossos desejos. Entende o fato de que nosso trabalho exige foco e, ao mesmo tempo, poupa-nos de passar a maior parte do dia na defensiva, tensos à espera de cada novo e-mail, telefonema ou encontro fortuito no corredor.

O efeito mais poderoso da regra, porém, é a restrição de qualquer possibilidade de se ter pressa. Ela combate o onipresente anseio moderno de fazer a maior quantidade de tarefas no menor tempo possível, em obediência à voz interior sussurrando que se você ralar pesado por alguns dias, conseguirá dar conta de todo seu trabalho de uma vez. Essa abordagem fracassa, entre outras coisas, porque repouso e bom humor são essenciais para um trabalho contínuo e bem-sucedido. As palavras do economista Adam Smith, a princípio dirigidas aos "patrões" da "classe operária", aplicam-se também à questão do esforço frenético:

> Se os patrões se ativessem sempre aos ditames da razão e da justiça, muitas vezes fariam melhor em moderar a dedicação de muitos de seus operários, ao invés de estimulá-la. Poder-se-á verificar, parece-me em qualquer sorte de ocupação, que a pessoa que trabalha com

moderação, de maneira a ter condições de trabalhar constantemente, não somente preserva sua saúde ao máximo, como executa a quantidade máxima de serviço, no decurso do ano.

A regra das três ou quatro horas funciona como lembrete da verdade profunda de que, para seres humanos finitos, o trabalho nunca está concluído. Um princípio central das tradições judaica e cristã sabatista é a crença de que devemos parar, de um modo ou de outro, não porque acabamos algo, mas apenas por estar na hora de parar. Em que medida somos capazes de combater a cultura do trabalho excessivo depende do contexto, claro. Mas, a despeito dele, podemos escolher não colaborar psicologicamente. Podemos abandonar a ilusão de que extrair do dia mais uma ou duas horas de trabalho frenético nos levará à posição presunçosa de controle total. A habilidade de fato valiosa é a que a regra de três ou quatro horas ajuda a incentivar: não a capacidade de se esforçar cada vez mais, mas a de parar e de se recuperar apesar do incômodo de saber que o trabalho permanece inconcluso.

Esse é o espírito personificado por um monge do mosteiro Cristo no Deserto, no Novo México, entrevistado por Jonathan Malesic para o livro *O fim do burnout*. O dia de trabalho dos monges se encerra 12h40 (e vocês não vão ganhar um prêmio por adivinhar quando começa: cerca de três horas antes). Malesic escreve:

> Perguntei ao padre Simeon, um monge que falava com a confiança cultivada durante os anos que passou como advogado de defesa, o que fazem quando soa o sino das 12h40 e percebem que ainda há trabalho a ser feito.
>
> "Aguentam firme", respondeu-me.

Décimo Quarto Dia
Crie gosto pelos problemas
Sobre nunca chegar a uma fase livre de preocupações

Além das montanhas encontram-se mais montanhas.
Provérbio haitiano

"Sempre é alguma coisa!" era o bordão da comediante Gilda Radner, e também sua postura desafiadora em relação ao câncer que lhe tirou a vida. O humor judaico se destaca pela aceitação sardônica das contrariedades da vida, mas está longe de ser um gesto resignado de desdém: expressa a compreensão profunda de que enfrentar todas as coisas constitui a essência de viver. De fato, sempre *é* alguma coisa, mesmo que na maioria das vezes, felizmente, seja algo menos assustador do que um diagnóstico de câncer. O segredo está em aprender a apreciar a situação pelo que ela é: uma piada cósmica e a realidade cotidiana.

O escritor e apresentador de podcast Sam Harris lembra-se de estar em um almoço com uma amiga, queixando-se dos diversos problemas que enfrentava no trabalho, quando ela o interrompeu no meio da conversa: "Você acha mesmo que seus problemas vão desaparecer em algum ponto da vida?", pergunta. Harris espantou-se ao perceber que viera agindo, subconscientemente, pelo pressuposto de que o momento um dia chegaria. "Eu presumi tacitamente que seria capaz de me livrar de todos os problemas", recorda mais tarde. "Pode parecer ridículo, mas era algo subentendido no meu jeito de pensar e na minha vida emocional, no modo como enfrentava cada novo problema."

Ele com certeza não está sozinho. Longe disso. Desconfio de que a maioria de nós, talvez exceto pessoas zen ou muito idosas, vive sob suposição similar, embora inconsciente, de que a determinada altura da vida — não tão cedo, mas um dia — chega a fase que não envolve enfrentar bombardeios incessantes de contratempos. A infeliz consequência é que encaramos os problemas cotidianos — as contas a pagar, os conflitos menores para resolver, cada pequeno empecilho que se interpõe entre nós e a realização de nossos objetivos — como duplamente problemáticos. Primeiro, há o problema em si. Logo em seguida, há o modo como a mera existência dele sabota o anseio de nos sentirmos na mais perfeita segurança e no controle. Vivemos o tempo todo em função do futuro, acreditando que os acontecimentos do agora são falhas por fundamento pois estão marcados pelo excesso de problemas. E muitas vezes acreditando que nós também somos falhos por fundamento — afinal, a essa altura da vida já não deveríamos ter encontrado uma forma de acabar com todos os problemas? Mas a realidade, prossegue Harris, é que "a vida é uma série incessante de complicações, então não faz o menor sentido se surpreender com a chegada de mais uma. A magnitude pode assustá-lo, mas o fato de que novos problemas estão surgindo a todo momento é decerto esperado".

Não é necessário refletir por muito tempo sobre a questão das limitações humanas para perceber que a existência de problemas decorre, simples e inevitavelmente, de nossa finitude. No nível mais abstrato, "problema" é apenas a palavra que aplicamos a qualquer situação em que se confrontam os limites da nossa capacidade de controlar como as coisas acontecem. (Podemos solucionar qualquer eventual inconveniente, claro, mas se tivéssemos controle total da situação, eles nem mesmo surgiriam.) Basta refletir um pouco mais para perceber que, na verdade, não gostaríamos que a vida fosse diferente. Seria ótimo evitar os problemas mais intimidantes e opressivos, mas não ter obstáculos a confrontar nos deixaria sem nada que valesse a pena realizar. Assim, podemos até dizer que encarar nossos limites, e descobrir como reagir, é precisamente o que torna a vida mais significativa e gratificante. Algumas das atividades de lazer em torno das quais tantos de nós gravitamos após um dia estressante de trabalho prenunciam o fato: jogar jogos de tabuleiro, assistir a filmes policiais, aprender a tocar um instrumento, arriscar novas receitas na cozinha — nada disso seria tão divertido se não fosse a resolução de problemas envolvida.

Quando me deixo dominar pelo pensamento de que o momento livre de problemas talvez nunca chegue, minha reação inicial é sempre de irritação: "Não foi isso que eu pedi!". Mas depois surge uma sensação libertadora. Se não preciso mais lutar contra o fato de que problemas aparecem porque essa é uma batalha que nunca vencerei, então posso me dedicar com mais plenitude, talvez até com satisfação, aos problemas que tenho agora. Não preciso continuar a manter a postura — sem sentido — de tentar tirar o presente da frente rumo a um futuro sem complicações. Sinto-me livre para desejar uma vida mais interessante e envolvente, com problemas e tudo o mais.

Uma amiga minha lembra-se, com vividez, do momento revelador em que, sentindo-se sobrecarregada pelos constantes problemas que pareciam atrapalhar o andamento de seu trabalho, ocorreu-lhe que os problemas *são* o trabalho. Qualquer um, até mesmo um software, conseguiria realizar o trabalho dela se não existissem problemas. Sua contribuição singular residia na capacidade de resolvê-los.

Além das montanhas há sempre outras montanhas, pelo menos até que você chegue à última montanha antes do seu tempo no planeta acabar. Enquanto isso, poucas coisas são mais revigorantes do que tentar alpinismo.

Terceira Semana

Deixando pra lá

Uma vida livre de estorvos manifesta-se como pura atividade.
Kōshō Uchiyama

Décimo Quinto Dia
E se fosse fácil?
Sobre o falso fascínio do esforço

> *Nem tudo que é mais difícil é mais meritório.*
> Atribuído a São Tomás de Aquino

Anos atrás, quando pesquisava para um livro sobre as armadilhas do pensamento positivo, compareci a um seminário motivacional no Texas, apropriadamente intitulado de "Motive-se!". É desnecessário dizer que foi excruciante. (Com toda franqueza, eu já desconfiava de que seria, por isso fui.) Com artefatos pirotécnicos no palco, luzes de discoteca piscando e um rock pesado estourando no paredão de alto-falantes, fomos incentivados a levantar da cadeira e gritar como nos sentíamos motivados. Pedir algo do tipo a um britânico é quase uma forma de tortura, e o dia não melhorou quando o pastor de uma megaigreja subiu ao palco e nos instruiu a eliminar a palavra "impossível" do nosso vocabulário. Mais tarde me ocorreu que o problema não era a breguice simplista de "Motive-se!", mas toda a ideia subjacente de "motivação" em si.

Na primeira semana da jornada esboçada neste livro, explorei os benefícios de encarar nossos limites diante de um mundo em que a sobrecarga e as distrações ameaçam nos tirar dos eixos. Na segunda, compartilhei as percepções que julgo úteis para tomarmos atitudes ao mesmo tempo ousadas e imperfeitas enquanto seres humanos finitos. Mas todos esses conselhos envolvem um risco: dar a entender que ações significativas são sempre desafios difíceis ou complexos. (Até porque se fossem simples e fáceis, ninguém precisaria de conselhos, não é?) Em certo sentido, para humanos finitos, a vida é um duro desafio: o tempo é muito limitado, bem como nosso controle sobre ele, e por isso a vida nos exige escolhas difíceis e tolerância para imperfeições e incertezas. Ainda assim, também é verdade que, muitas vezes, o real desafio para a construção de uma vida realizada e envolvente é aprender a deixar para lá. No lugar de tentar fazer as coisas acontecerem mediante força de vontade ou empenho, cultivar a disposição de ficar fora do caminho e *deixar* que elas aconteçam — esse é o foco da terceira semana.

Considere o modelo básico de natureza humana proposto por um evento como "Motive-se!", bem como a ideia de que para agir devemos "nos motivar". Ele parte do pressuposto de que precisamos de certos estímulos, de uma quantidade ideal de energia e autodisciplina se não quisermos reincidir no comportamento usual de morosidade e desperdício de tempo. (E deixa implícita a necessidade de reabastecer o estoque de energia e autodisciplina com regularidade — algo que, do ponto de vista comercial, está longe de ser um problema para gurus de palestras motivacionais e autores de autoajuda.) Uma ação significativa, de acordo com esse modelo, exige esforço. E encher-se de motivação é a maneira adequada de se sentir disposto e capacitado a empreender o esforço necessário.

À primeira vista, parece plausível, ainda que um pouco disciplinante. Mas, na verdade, como meio de pensar nosso vínculo com a ação, é um desastre. Definir suas principais tarefas como aquelas que sempre exigem esforço, e a si mesmo como alguém que necessita ser obrigado ou estar motivado para realizá-las, transforma o dia a dia numa constante batalha interna entre o tipo de pessoa que você deseja ser — enérgica, produtiva — e o tipo que, no fundo, você teme se tornar: alguém propenso ao retrocesso na primeira dificuldade.

Levar a vida com esse espírito causa inúmeros problemas, um dos mais óbvios é que torna muito menos provável tomar a iniciativa para fazer coisas gratificantes que, pensando de outra forma, você teria feito e que teriam sido fáceis, caso você não tivesse se convencido de que não. (Organizar um evento social, criar uma *landing page* para seu negócio, planejar uma viagem: a princípio, qualquer atividade pode ser rápida; a sensação de que exigem um esforço enorme para serem feitas está quase sempre baseada em uma ilusão.) Além do mais, nas ocasiões em que *agimos*, nós o fazemos com mais esforço e nervosismo do que de fato é necessário graças à ideia de que o "ato de se esforçar" é virtuoso nele mesmo. Trata-se de uma mensagem que escutamos desde cedo: "Minha mãe ficava muito chateada quando, no entender dela, as coisas que eu fazia eram meia-boca", diz um impagável comentário anônimo em um artigo do *Washington Post* assinado pela colunista Carolyn Hax.

> Hoje tenho 48 anos, um doutorado, uma carreira influente e ainda acho que pouquíssimas coisas merecem minha boca toda. Não estou interessada em me esfalfar de agir boca-inteira para coisas que ficarão perfeitamente bem se forem feitas meia-boca ou um-quarto-de-boca. Atingir a máxima economia de boca é uma habilidade muito importante para a vida adulta.

O risco final da ideia de que algo importante deve exigir esforço é o que leva, pela lógica inversa — em aparência razoável mas, na verdade, uma grande furada —, ao pressuposto de que tudo que exige esforço é algo que importa. Ao desabar no sofá ao final de um longo dia de faxina, ou depois de organizar todos os seus arquivos digitais em pastas específicas, fica fácil concluir que seu tempo foi bem usado: olhe como você está exausto! Mas talvez a faxina pudesse esperar mais uma semana. Talvez você não devesse se dar ao trabalho de organizar os arquivos, a função de busca do seu computador é o suficiente para encontrar tudo de que precisa.

E, assim, em vez de se perguntar como estocar energia, motivação ou autodisciplina, na maioria das vezes é mais útil indagar: e se as coisas forem bem mais fáceis do que eu penso?

Ironicamente, não é uma pergunta fácil de se fazer. Soa como trapaça, afinal parece incontestável que nossa produtividade perderia o valor caso adotássemos essa perspectiva em relação à vida. Portanto, é preciso coragem: temos de "estar dispostos a deixar que seja fácil", nas palavras de Elizabeth Gilbert. Muitas tarefas e situações são difíceis por si só, até mesmo angustiantes. Por isso, o ideal não é negar a realidade, mas evitar piorá-la — e, em particular, não tornar o fato de que a vida pode ser difícil em um autojuízo de inadequação. O empreendedor e podcaster Tim Ferris formula a pergunta de maneira um pouco diferente: "Se fosse fácil, como seria?". É uma concepção que transfere o foco para coisas específicas, para ações que podemos realizar — e claro que a ideia não é imaginar uma dimensão paralela em que a tarefa pode ser mais fácil, mas considerar a possibilidade de que ela já o seja no mundo real. A autora do New Age Julia Rogers Hamrick escreveu um livro — *Escolha o caminho mais fácil* — em que argumenta que deixar as coisas serem fáceis é tão simples quanto repetir um mantra: "Escolho viver no Mundo Fácil, onde tudo é fácil". Quando algum desafio assustador assoma no horizonte, basta decidir que enfrentá-lo será uma experiência fácil. Sei que isso se assemelha ao pior tipo de negação dos nossos limites, como se fosse possível conseguir tudo o que desejamos meramente ordenando que o universo se alinhe às nossas vontades. Mas garanto que a eficácia é surpreendente: "deixar ser fácil" não funciona como um comando místico ao universo, mas como um lembrete para não recairmos no velho hábito de criar complicações ou na sensação desagradável de esforço quando nem um nem outro deveria existir.

E recaímos o tempo todo. Nas vezes em que deixo de fazer coisas importantes para mim, o motivo varia entre falta de tempo e de força de vontade. Mas é igualmente provável que um outro motivo seja estar assombrado pelas visões do inalcançável resultado perfeito, ou pelas minhas suposições sobre as dificuldades envolvidas — e assim bloqueio uma ação que, de outro modo, fluiria com naturalidade. Por exemplo, parece que vivo precisando reaprender a lição de que, ao me preparar para falar em público, a melhor abordagem é sair para caminhar com um caderno em mãos, listar os pontos mais convincentes, organizá-los numa ordem sensata, depois praticar algumas vezes, o suficiente para ter uma ideia do que vou dizer, sem parecer rígido ou mecânico. Qualquer envolvimento maior é um convite à encrenca: o resultado final será pior. Recordo vividamente o momento em que me dei conta de que estava complicando demais a festa de aniversário de cinco anos do meu filho, tanto que parecia um projeto de estresse considerável. O que meu estresse indicava, na verdade, era que eu me importava com o evento, algo muito diferente de dizer que ele precisava ser complexo ou trabalhoso. Gosto desse exemplo porque é muito desafiador pensar em algo *menos* difícil do que organizar uma boa festa de aniversário para uma criança de cinco anos. Não é um bicho de sete cabeças. Basta providenciar pizzas e sorvete e encomendar alguns balões com LED pela internet, e a coisa mais difícil de fato seria estragar tudo.

Décimo Sexto Dia
A regra de ouro inversa
Sobre não ser seu pior inimigo

> *Se encontrássemos essa figura na vida real,*
> *o personagem acusador, o crítico interno, esse pentelho*
> *implacável, pensaríamos que há algo errado com ele.*
> *Uma pessoa simplesmente chata e cruel. Poderíamos*
> *deduzir que alguma coisa terrível acontecera com*
> *ele, que estava vivendo as consequências, o rescaldo,*
> *de alguma catástrofe. E teríamos razão.*
> Adam Phillips

Neste ponto, é melhor encarar o fato de que, no fundo, quando criamos empecilhos e tornamos as coisas mais difíceis do que precisam ser, a culpa quase sempre é da nossa falta de autocompaixão. Chegou a hora de falar sobre como ser mais bondoso consigo mesmo. Eu sei, também acho um pouco constrangedor. Infelizmente, é por esse exato motivo que o assunto não deve ser evitado.

Por anos coletei citações que sintetizam a abordagem que eu buscava adotar para realizar ações significativas: pé no chão, pragmática, despretensiosa. Um dos exemplos mais conhecidos vem do artista Chuck Close: "Inspiração é para amadores, o resto de nós só chega e trabalha". O coreógrafo George Balanchine dizia que a "musa deve me procurar durante o expediente": ele tinha de já estar preparado para quando seus bailarinos chegassem para serem coreografados. E há a frase, um pouco arrogante, atribuída tanto a William Faulkner quanto a W. Somerset Maugham, que toca numa questão similar: "Só escrevo quando a inspiração aparece. Felizmente, ela aparece todos os dias às nove da manhã". Eis o tipo de pessoa que eu queria ser: alguém que chega e faz, sem depender de se sentir inspirado ou animado.

Essa abordagem por certo tem seus méritos: ela ajuda a eliminar o drama de algumas atividades, sobretudo as que recebem o rótulo intimidante de "criativas", e facilita que deixemos de frescura e tomemos uma atitude. À primeira vista, parece encarnar o espírito do imperfeccionismo. Só que, para mim, ela nunca funcionou direito — e só descobri o motivo por meio de uma postagem no blog da professora de meditação Susan Piver. Para ser franco, já basta o título: "Realizando coisas sem ser cruel consigo mesmo". Piver também era fã da filosofia de Chuck Close, de que inspiração é para amadores. Mas soube identificar com brilhantismo seu lado negativo: essa filosofia se transforma numa voz interna que nos ordena a fazer seja lá o que foi decidido no exato momento em que decidimos fazê-lo, porque nenhuma inspiração nos é exigida — e que, caso não consigamos, não passamos de uns vermes inúteis. Piver escreve:

> Perdi muito tempo tentando me forçar a fazer coisas. Coisas boas de verdade. Coisas importantes para mim. Coisas como meditar, escrever num diário, ir à academia e várias outras. Vivo a criar rotinas. (Vou acordar às cinco da manhã. Meditar das 5h30 às 6h30. Escrever no diário das 6h30 às 7h30. Tomar café entre oito e nove

horas etc.) Tive muito mais fracassos do que sucessos, algo que me incomoda demais. Sinto cada vez mais raiva de mim, praguejo contra minha falta de disciplina, culpo-me por assistir *Battlestar Galactica* (outra vez) em vez de escrever, sondo minhas questões psicológicas na esperança de desenterrar as sementes da autossabotagem. É uma espiral descontrolada até eu desistir e deitar no sofá ou de algum modo conseguir um dia disciplinado conforme minha programação, após o que dou um suspiro parcial de alívio e passo imediatamente a me importunar para repetir isso amanhã. É UM SACO.

E assim, com pouco a perder tentando algo diferente, ela se perguntou o que aconteceria ao fazer o que sente vontade de fazer, quando sente vontade — em outras palavras, a pergunta de ontem: e se fosse fácil? "É curioso, fui dominada pelo medo só de pensar", recorda. "Se eu não for vigilante o suficiente para me obrigar a agir, então acabo sem fazer nada." Mas não foi o que aconteceu. Indo atrás do que lhe dava prazer, Piver teve dias *mais* produtivos, completou tarefas que antes eram apenas obrigação, "só que dessa vez, pareceu tranquilo. Senti o coração leve". Pensando bem, faz sentido, porque se fazemos o que temos vontade, usamos nossos desejos como combustível para a ação em vez de realocar, a todo instante, energia e atenção para superá-los. É fácil acreditar que fazer aquilo que desejamos nos leve a passar o dia todo de boca aberta olhando o Instagram. Mas a verdade é que "passar o dia todo de boca aberta olhando o Instagram" é o que acontece quando dizemos a nós mesmos que *não podemos* fazer o que queremos, porque não podemos nos dar ao luxo ou porque não somos merecedores — e ficamos tão ressentidos e irritados por seja lá o que nos obrigamos a fazer no lugar que usamos o celular como distração.

Alguns podem argumentar que é um imenso privilégio ser capaz de passar o dia fazendo o que se tem vontade, ou ao menos contemplar a possibilidade. E, sim, isso é verdade, mas apenas até certo ponto: toda e qualquer situação impõe determinados limites à liberdade de realizar o que se deseja, e essa realidade é muito pior para uns do que para outros. Mas é importante perceber que o argumento em si é como um capataz interno disfarçado à procura de fazer com que você se sinta mal por tirar vantagem do pouco de liberdade que pode desfrutar. Ninguém vai ganhar um prêmio por deixar de passar o tempo da forma como deseja, dentro das próprias condições, devido a um senso equivocado de solidariedade com aqueles que não podem fazer igual.

Em todo caso, ter um pouco mais de bondade consigo mesmo não é nem de longe tão autoindulgente quanto os alérgicos à "autocompaixão" tendem a presumir. Não se trata de declarar com narcisismo que merecemos uma vida fácil mais do que as outras pessoas. Já basta o desafio de tentar seguir o que o filósofo Iddo Landau chama de "regra de ouro inversa": não aplicar a si mesmo as punições que você nem ao menos sonha em impingir aos outros. Você consegue *se imaginar* censurando um amigo da mesma maneira que censura a si no seu íntimo? Adam Phillips tem razão: se encontrássemos uma pessoa assim numa festa, logo a teríamos por desequilibrada e mal-educada. Talvez tentássemos tirá-la dali e quem sabe procurar ajuda. Poderíamos até pensar que ela sofrera algum trauma — nas palavras de Phillips, que "algo terrível" acontecera a ela — para julgar apropriado agir de tal modo.

Bem, algo terrível decerto aconteceu, e o fato de que acontece com quase todos nós, de um jeito ou de outro, não é motivo para fingir que não. De algum lugar (nossos pais, nossa cultura, nossa religião), internalizamos a ideia de que não permanecer vigilante levará sempre a um desastre. Que nos permitir uma folga e seguir nossos próprios interesses resultarão em abandono, humilhação, emoções desgovernadas ou ruína financeira. Os detalhes diferem muito de um indivíduo para outro, portanto é impossível elaborá-los aqui. Mas sua crença, seja lá de onde vem, pertence ao passado, não constitui uma avaliação razoável do que provavelmente aconteceria agora caso você mostrasse um pouco mais de consideração consigo mesmo. Como Susan Piver, o que descobrimos, pelo contrário, é que *queremos* honrar os compromissos, pagar as contas, manter o corpo saudável e assim por diante — porque, afinal de contas, por trás de toda gritaria e repreensão interna, não somos desocupados preguiçosos.

Autoindulgência? Na verdade, o caminho que leva à autoindulgência é pavimentado pela constante autocensura. Ele reflete a crença presunçosa do capataz que nos intimida e obriga a agir apenas por erguer a voz. Encarar a realidade — como humanos finitos devem fazer — significa também encarar nossos ânimos, desejos e interesses. Por isso é necessário coragem para se fazer a pergunta que todos os gurus da "mentalidade do guerreiro" e da "força mental" têm medo: como eu gostaria de passar meu tempo hoje?

Décimo Sétimo Dia
Não fique no caminho da generosidade
Sobre a futilidade de tentar "ser uma pessoa melhor"

Todo mundo ama alguma coisa.
Nem que sejam apenas tortilhas.
Chögyam Trungpa

Muitos acreditam que devem ser mais bondosos ou generosos, doar dinheiro para a caridade, trabalhar como voluntários ou ainda, um pouco mais vago, "tornar-se uma pessoa melhor" do que são no momento. O mestre budista Chögyam Trungpa argumenta que isso é desnecessário: não precisamos tentar nos transformar em pessoas com mais amor pela humanidade, até porque é impossível. Tudo o que precisamos fazer é descobrir quais são as coisas pelas quais sentimos maior apreço ou ternura e começar por elas. Gostar de comida mexicana é um ponto de partida tão bom quanto qualquer outro.

Até que ponto o próprio Chögyam Trungpa pode ser considerado uma boa pessoa é algo discutível. Um alcoólatra que certa vez bateu o carro numa loja de brinquedos na Inglaterra (sim, é verdade), era quase sempre antipático com seus seguidores; nos últimos anos, o movimento espiritual Shambhala, fundado por ele, foi abalado por alegações de crimes sexuais contra o filho que o sucedeu como líder. Ainda assim, acho que o argumento se sustenta. Ser uma pessoa melhor e mais afetuosa também é mais uma das coisas que não podemos fazer acontecer. É necessário deixar que aconteça — algo que pode ser feito admitindo a priori que alguma parte de nós já sente as emoções que acreditamos que deveríamos estar sentindo. Depois disso, a principal tarefa é evitar coisas complicadas demais.

Claro, não te conheço, então imagino que não seja impossível você ser um canalha traiçoeiro que conscientemente deseja o pior para outras pessoas. Mas se você está preocupado em ser bondoso, é bem mais provável que tenha todo tipo de pensamentos e impulsos de generosidade, e que o problema — se você for como eu — é quase nunca conseguir tomar uma atitude a respeito, ou indo direto ao ponto: inadvertidamente criar obstáculos para não agir. Uma pessoa em situação de rua te pede dinheiro, você tem alguns trocados e pensa em ajudar, mas então se lembra de como sempre dizem que é muito mais proveitoso doar para uma organização de serviço social bem administrada, então se decide por isso, só que nunca chega a fazê-lo. Ou há algo que adoraria contar a um amigo com quem perdeu contato, mas no momento está sem disposição e esse tipo de mensagem merece mais atenção do que outras, assim você deixa para depois. Ou talvez pense em ajudar na quermesse da escola, mas está em um período muito corrido e acha melhor pôr sua lista de tarefas em dia e deixar para ajudar no próximo ano.

Nenhum desses casos indica falha de caráter. Não há nada de errado com seus impulsos básicos. É apenas que pelas razões habituais, como o perfeccionismo e a negação dos próprios limites — não querer ser apenas bondoso, mas bondoso *em excelência*, ou tentar se sentir no pleno controle do seu tempo e de suas obrigações —, você nunca conseguiu traduzir seus impulsos em ação.

É por isso que recomendo, um tanto entusiasmado, uma política pessoal aprendida com o (muito menos polêmico) professor de meditação Joseph Goldstein, que eu mesmo procuro seguir: obedeça ao impulso de generosidade no momento em que ele ocorrer. O objetivo não é tentar ser mais generoso do que você já é, mas perceber os momentos em que você sente a generosidade de maneira natural e espontânea, e depois não estragar tudo elucubrando demais. A forma mais simples de seguir esse conselho é agir rápido. "Sempre que surgir o pensamento de doar, tome uma atitude. Depois, apenas observe", orienta Goldstein, acrescentando que "pela minha experiência, a generosidade nunca causa remorso". O que acontece, para surpresa de ninguém, é que nos sentimos em paz, e embora exija certa força de vontade no começo, a prática logo se reforça. Quando menos esperar, você terá se transformado numa pessoa que age com generosidade — sem nunca ter precisado ser uma pessoa *mais* generosa.

E, em todo caso, será que não há algo um pouco confuso no conceito do desejo de "se tornar uma pessoa melhor"? O fato de você sentir esse desejo, antes de mais nada, sugere a existência de valores que se penitenciava por não ter, mas somente uma pessoa moral pode se culpar pela própria falta de moralidade. (Ou será que alguém acredita mesmo que Vladímir Pútin perde o sono à noite, morrendo de preocupação, ao pensar se de fato está sendo o sujeito compassivo e ponderado que gosta de acreditar que é?) E quando esse tipo de confusão é seu ponto de partida, tentar mudar de personalidade fatalmente resulta em um novelo circular e egocêntrico de culpa e obrigação. O que, por sinal, não ajuda a ninguém. É muito mais fácil e prazeroso identificar a bondade que já existe dentro de você e então agir para não impedi-la.

Décimo Oitavo Dia
Cada um com seus problemas
Sobre cuidar da própria vida

> *Viver para agradar os outros é coisa de babaca [...] no fim, a pessoa não está agradando ninguém — apenas causando ressentimento por ser sonsa e negando aos outros a dignidade de suas próprias experiências [ao presumir] que são incapazes de lidar com a verdade.*
> Whitney Cummings

"Ótima notícia! Encontrei a cura para minha ansiedade!!", anuncia a escritora Sarah Gailey nas redes sociais. "Só preciso que todo mundo que conheço me diga que definitivamente não está bravo comigo, uma vez a cada quinze segundos, para sempre." Entendo como ela se sente. Por anos fui dotado de um superpoder inimaginável: era capaz de transformar qualquer oportunidade de trabalho empolgante e desejável em um desagradável drama emocional apenas por aceitá-la. Depois de concordar com o prazo ou assinar um contrato, não conseguia parar de pensar que, daquele momento em diante, mais pessoas ficariam frustradas com meus resultados ou cada vez mais impacientes por eu não ter entregado um trabalho no prazo combinado — e o pensamento de que elas pudessem nutrir qualquer sentimento negativo em relação a mim era terrivelmente opressor. Essa preocupação exagerada com as emoções alheias revelava que eu aceitava situações que deveria recusar pelo medo de decepcionar os outros. E quase nunca conseguia desfrutar de verdade das ocasiões sociais, pois desconfiava que meus colegas, por mais alegres que estivessem, apenas aturavam minha presença.

Por fim, percebi que as emoções negativas dos outros, no fim das contas, são um problema deles — não que em algum momento fique mais fácil lidar com nossos pensamentos. Temos de permitir que os outros tenham os próprios problemas. Trata-se de mais uma área em que, de modo geral, a melhor coisa a fazer, enquanto seres humanos finitos e com controle limitado, é não se intrometer e deixar que a vida siga adiante.

Antes de prosseguirmos, vale observar que as pessoas que acreditamos estarem entediadas, desapontadas ou com raiva de nós quase nunca o estão de fato. Elas têm os próprios problemas para se preocupar. Segundo o estereótipo, quem procura agradar a todo mundo é do tipo que prefere não chamar a atenção, e por isso sempre há algo muito estranho na ideia de que seu chefe, cliente ou colega de trabalho não tem nada melhor para fazer do que ficar andando de um lado para o outro, o dia todo, pensando mal de *você* — ou que sua presença em um evento social vai arruiná-lo para todos os demais. "Acho estranho: quando não respondo ao e-mail de alguém, é porque estou ocupada", observa a romancista Leila Sales, zombando dessa tendência em si mesma, "mas quando os outros não respondem aos meus e-mails, é porque me odeiam." (Vale a pena notar também que nas poucas misericordiosas vezes em que alguém *de fato* explodiu comigo, não me ocorreu sequer por um segundo que ela pudesse estar com raiva. É claro que eu vinha me preocupando com as pessoas erradas.)

Mas e se alguém estiver genuinamente furioso, decepcionado ou chateado com você? Continua não sendo problema seu. Não quero endossar a mentalidade de "ignore os haters!" com que às vezes somos aconselhados pelos gurus da autoajuda e conforme a qual devemos ignorar as emoções alheias por uma questão de princípio. Tampouco pretendo uma carta branca para você ser estúpido com outras pessoas, tratando-as como lixo para depois lhes dar as costas, assegurando a si mesmo, com complacência, que não precisa assumir a responsabilidade pelas emoções que acabou de provocar. Na verdade, trata-se apenas de uma perda de tempo — e uma flagrante negação da sua falta de poder sobre a realidade — permitir que seu bem-estar dependa de saber que todos a seu redor também se sentem bem.

Tomada ao pé da letra, a ideia de que alguém está aborrecido conosco porque nosso comportamento não atende a suas expectativas não passa disso: um vislumbre do estado emocional da pessoa. Você decide fazer ou não algo a respeito, mas aí já é outra história. Toda decisão envolve uma barganha, como vimos no "Terceiro Dia", e as emoções alheias são mais um dos fatores a serem pesados na balança. Seu chefe ranzinza não para de importuná-lo para você responder ao e-mail que ele lhe enviou? Seu parceiro está ansioso e não para de atormentá-lo para tomar uma decisão sobre os planos de viagem? Em um caso como no outro, talvez você chegue à conclusão de que será mais vantajoso, ou uma questão de valores, tomar uma atitude rápida — e, se o fizer, na aparência se comportará como se estivesse motivado por um desejo obsequioso de aliviar o sofrimento alheio. Mas a realidade da situação será bem diferente. Trata-se de uma escolha consciente, na qual pesamos nossas emoções em função de outras prioridades. Como alternativa, em qualquer um desses cenários podemos decidir que em certas ocasiões as pessoas terão de lidar com os próprios sentimentos sem a nossa ajuda.

Um dos principais motivos para fracassarmos em tratar as emoções alheias com essa sensatez é que elas se manifestam sob o rótulo da "urgência". Claro que em determinadas circunstâncias o tempo é mesmo uma questão delicada, mas a desagradável ansiedade, em geral associada às tarefas que consideramos "urgentes", é com frequência um sinal de que as prioridades alheias estão tomando o controle. A sensação de urgência na verdade é o medo de que alguém fique furioso ou ansioso se não nos apressarmos. Mais uma vez, pode ser vantajoso se prevenir contra esse cenário. Mas, por outro lado, pode não ser: os sentimentos de outras pessoas não possuem nenhum poder mágico para nos influenciar e obrigar a agir. Talvez valha a pena considerar os bilhões de pessoas na Terra que, neste exato momento, sentem-se irritadas, deprimidas, desapontadas, impacientes e ansiosas. Em princípio, pensar nelas pode evocar certa simpatia; no entanto, você com certeza não pensa que alegrá-las seja problema seu. Por que deveria ser diferente nessa pequena quantidade de casos em que as emoções, ao menos aparentemente, dizem respeito a você?

Mas a verdadeira revelação, como afirma Whitney Cummings, é que a preocupação em agradar os outros não é sequer um modo efetivo de agradar os outros. Passar a vida tentando apaziguar os ânimos alheios não nos faz uma companhia prazerosa no escritório ou em casa. As pessoas percebem que estamos cheios de nós nos dedos e que só atendemos a suas expectativas na tentativa de fazer com que se sintam melhores, não pela motivação de um desejo genuíno em ajudar, de forma que se sentem manipuladas ou tratadas com indulgência — ou simplesmente irritadas por terem de gastar energia mental com nossas inseguranças. Às vezes, nossa ansiedade de fato complica a vida dos outros. Uma editora do *Guardian* me disse certa vez, no início da minha carreira, após esperar o dia todo por uma resposta sobre eu assumir ou não determinada tarefa (eu receava não ter disponibilidade de fazê-la, mas, ao mesmo tempo, não suportava a ideia de decepcionar minha chefe): "Olha, se não dá para você fazer, dizer não na mesma hora facilita a vida de todo mundo".

Levei anos para entender que esse foi, possivelmente, um dos conselhos mais generosos que já recebi. Ajudou-me a perceber que se meu esforço para administrar as emoções de outras pessoas não era útil nem para *elas*, eu tinha pouco a perder ao abandonar esse comportamento. E assim passei a aceitar a dura realidade de que pessoas obcecadas em agradar tendem a insistir nisso até quase se destruírem: muitas vezes, a melhor maneira de ajudar os outros é cuidar do próprio nariz.

Décimo Nono Dia
Bons momentos ou uma boa história
Sobre as vantagens da imprevisibilidade

Talvez ajude perceber que o momento da vida em que não sabemos o que está por vir muitas vezes é o momento que, em retrospecto, vemos com mais afeição.
Ann Patchett

Talvez até aqui eu tenha dado a impressão de que nossa falta de controle sobre a vida real seja apenas mais uma das tristes verdades com as quais é melhor nos resignarmos. Mas é mais do que isso. De uma maneira profunda, é algo *bom*. A incapacidade de garantir que nossos planos se concretizem, não saber o que o futuro nos reserva, a sensação de que nunca conseguiremos resolver todos os problemas ou estar no controle das coisas — tudo é misteriosamente essencial para fazer a vida digna de ser vivida.

Vai por mim.

Quase tudo que acontece rende bons momentos ou uma boa história para contar. As coisas dão certo ou dão errado, e para nossa surpresa, quando dão errado, com frequência — embora, claro, não invariavelmente — a vida acaba melhorando de modo inexplicável. Uma amiga de adolescência lembra com carinho um fim de semana em que sua mãe e seu pai fizeram um piquenique no campo com ela e as irmãs. Quando terminaram de organizar a impressionante quantidade de comida sobre a toalha, um aguaceiro desabou, mas seus pais decidiram seguir com o piquenique mesmo assim, num caos de sanduíches encharcados e risadas. Hoje, essa é uma de suas lembranças mais especiais da infância — e o que ela tem de tão interessante, a meu ver, é seu caráter prosaico. Situações indesejáveis acontecem com todos nós, desde as que são um pouco irritantes até as mais trágicas. Mas quase qualquer um é capaz de contar algumas histórias em que os eventos fugiram do controle — o tempo não colaborou, o voo foi cancelado, chegaram ao endereço errado — e algo incrível aconteceu ou, na pior das hipóteses, ganharam uma anedota divertida para recordar e entreter os outros ao longo de vários anos.

Se aprendi alguma coisa ao mediar dezenas de entrevistas com subcelebridades para o jornal, é que essa relação inversa entre controle e gratificação se manifesta ao longo de toda a vida. Pergunte às pessoas sobre um evento pessoal marcante e elas quase sempre se detêm em momentos cujas consequências jamais poderiam ter previsto. Talvez mencionem um período de desespero que teriam evitado se pudessem, como a luta contra um vício ou um diagnóstico médico desesperador; ou talvez um incidente aparentemente simples que se revelou de vital importância, como a festa em que conheceram o amor de sua vida ou o e-mail inesperado que resultou num emprego. Em *Quatro mil semanas*, cito uma frase de Simone de Beauvoir em que ela sujeita essa ideia a algo ainda mais remoto — ao fato espantoso de ter nascido — para começo de conversa:

A penetração daquele óvulo específico por aquele espermatozoide específico, com as implicações do encontro de meus pais e antes disso as de seu nascimento, e as do nascimento de todos os seus antepassados, não tinha uma probabilidade, em centenas de milhões, de acontecer.

E, no entanto, a despeito dos estranhos benefícios que parecem surgir da nossa falta de controle, seguimos pela vida — enquanto indivíduos e parte de uma sociedade — como se o grande objetivo de viver fosse obter cada vez mais controle. "A força motriz cultural do estilo de vida que chamamos de 'moderno' é a ideia, a esperança e o desejo de fazermos do mundo um lugar *controlável*", escreve Hartmut Rosa, o sociólogo alemão que vimos na introdução. Em sua principal obra, *Resonance* [Ressonância], e num livro subsequente, *The Uncontrollability of the World* [A incontrolabilidade do mundo], Rosa mostra como as realizações humanas mais variadas se encaixam quando compreendidas como tentativas de fazer exatamente o variado. A busca por dominar a natureza, os avanços da medicina, o aumento dos investimentos militares, as redes de comunicação digital que nos permitem saber o que acontece a milhares de quilômetros de distância, as viagens aéreas que deixam lugares remotos ao nosso alcance, pais superprotetores, dietas, fertilização in vitro, a colonização de Marte proposta por Elon Musk, carne criada em laboratório: podemos argumentar que tudo isso é motivado pela necessidade de nos sentirmos cada vez mais no controle do que antes.

Rosa não nega que a busca pelo controle tenha trazido avanços inestimáveis, afinal, ela está por trás de quase tudo que faz da vida moderna tão menos escassa e sofrida em comparação a outros períodos da história da humanidade. Ele esclarece não defender que os desfavorecidos se conformem em ter menos controle sobre suas vidas do que os ricos. Mas mostra que, ao mesmo tempo, nosso desejo de controle é como um tiro pela culatra, sabotando nossos esforços de construir uma vida feliz e gratificante. A dominação humana da natureza fez com que a natureza escapasse do controle humano, com mudanças climáticas que ameaçam nossa sobrevivência surgindo a todo instante. Quanto maior o número de pessoas com quem nos conectamos digitalmente, mais grave se torna a epidemia de solidão. E quanto mais vigilância os pais exercem sobre o conforto dos filhos, mais ansiosos e retraídos eles ficam.

Em suma, quanto mais tentamos controlar o mundo, mais ele nos escapa e mais a vida cotidiana perde o que Rosa chama de "ressonância", sua capacidade de nos emocionar, comover e absorver. Qualquer experiência, caso possa ser controlada por completo, parecerá fria e mirrada; uma obra de arte perfeitamente compreensível ou uma pessoa com comportamento sempre muito previsível não têm a menor graça. O sentimento de realização vem de uma espécie de relação recíproca com o resto do mundo, incluindo com as outras pessoas; podemos compará-lo a uma dança em que ora conduzimos, ora somos conduzidos. Ao passo que um relacionamento no qual uma das partes tem o controle o tempo todo nem pode ser considerado um relacionamento.

No âmbito social, a busca por controle muitas vezes mina nossa capacidade de cumprir trabalhos significativos. Se você é professor ou assistente social, se trabalha no meio acadêmico, na saúde ou se é próximo de alguém que exerça qualquer um desses papéis, pode estar familiarizado com o fato de que quase todas as pessoas nessas áreas se queixam de mal terem tempo de fazer seu trabalho devido a todo o serviço administrativo envolvido. A burocracia resulta da tentativa, por parte dos empregadores, de controlar os processos de trabalho, tornando-os transparentes e mensuráveis. No entanto, como resultado, restam-lhes menos oportunidades de criar os imprevisíveis momentos de conexão humana em que o verdadeiro trabalho é realizado. "O flagelo da necessidade de tornar tudo controlável", escreve Rosa, "contaminou a produtividade incontrolável da vida social por toda parte."

É uma questão sutil, observa ele, porque uma relação ressonante com a vida depende de que ela seja *semi*controlável, e não totalmente incontrolável. Você precisa ser ativo ao se envolver com o mundo — conectar-se com os outros, fazer planos, ir atrás de oportunidades e ambições —, e as pessoas precisam da liberdade, e dos recursos econômicos, para conseguirem fazer igual. (Nem bons momentos nem boas histórias ocorrerão com frequência se apenas ficarmos sozinhos, esperando sentados — tampouco se formos obrigado a passar cada hora do dia lutando por um salário mínimo.) Ainda assim, para desfrutar de uma vida significativa, é fundamental compreendermos que, ao nos acercamos do mundo dessa maneira, não temos controle de como ele reagirá. O valor e a profundidade da experiência dependem da imprevisibilidade. Talvez você consiga o que quer, talvez não — e às vezes, não conseguir o que queremos torna a vida incomensuravelmente melhor.

Há um momento de acalento inadvertido na tradução inglesa de *Resonance* feita por James Wagner, em um trecho no qual Rosa procura esclarecer com precisão o sentimento evocado por essa forma de se relacionar com a realidade. O livro é uma obra densa, com quarenta páginas de notas de fim e muitas referências a estudiosos das profundezas do mundo acadêmico. Mas quando Rosa procura o adjetivo perfeito para descrever a sensação ambivalente de influenciarmos o mundo e de sermos influenciados por ele, de nos envolvermos com ousadia mesmo sem nunca saber como ele reagirá — e os sentimentos receptivos e gratificantes advindos disso —, o termo escolhido é *anschmiegsamen*. A surpreendente e maravilhosa palavra usada na tradução inglesa foi *cuddly*: "aconchegante".

Vigésimo Dia
Estabeleça metas quantitativas
Sobre demitir seu controle de qualidade interior

> *Não existe uma relação proporcional, sequer inversamente proporcional, entre a expectativa de um escritor sobre um trabalho em andamento e sua real qualidade. A sensação de que a obra é magnífica, e de que é abominável, são dois mosquitos a serem repelidos, ignorados ou mortos, mas nunca admitidos.*
> Annie Dillard

Mais um fato paradoxal sobre o controle: em geral, a melhor maneira de ter boas ideias, e de produzir um bom trabalho, é abandonar por completo a tentativa de controlar a qualidade do produto final. Em vez disso, a maneira mais fácil de consegui-la é se concentrar na quantidade. ("A quantidade tem qualidade própria", alguém disse certa vez, embora haja a incômoda possibilidade de esse alguém ter sido Ióssif Stálin.)

Em York, no norte da Inglaterra, onde cresci, as antigas muralhas que cercam a cidade compreendem quatro guaritas conhecidas como *bars*, que hoje em dia só servem para engarrafar o trânsito, mas que antes eram utilizadas para controlar o tráfego de pessoas entrando na cidade ou para fechá-la por completo em caso de ataque. Imagino um ágil sentinela romano ou um viking corpulento operando a pesada grade vertical de madeira que antes bloqueava cada um dos quatro pontos, interrogando os possíveis visitantes e, em seguida, apenas quando se satisfazia com as respostas recebidas, ordenando com relutância que o portão fosse levantado e os deixasse passar, para então ser ruidosamente baixado outra vez. Não me comprometo com a precisão histórica da imagem. Mas sempre gostei dessa metáfora para ilustrar como pessoas controladoras — em níveis variados, a maioria de nós — tendem a se relacionar com o trabalho. Partimos do pressuposto de que qualquer ideia que tivermos não será boa o suficiente, assim a submetemos ao escrutínio de um guardião interno de olhos cruéis, e apenas com relutância, se ela primeiro atender a nossos padrões rigorosos, permitimos que chegue à página ou à reunião no escritório.

Na minha linha de trabalho, isso assume o aspecto de uma pessoa olhando fixamente para a tela do computador, mal formulando metade de uma sentença, relendo-a, considerando-a inadequada, deletando-a e voltando a olhar para a tela, depois tentando outra vez. (Como o coach de escrita Stephen Lloyd Webber observou, é irônico que as pessoas chamem esse processo de "escrever", já que consiste em não escrever ou em apagar o que você tinha escrito.) E a situação piora: cada vez que nós, enfim, permitimos que algo chegue à página, as imperfeições nos deixam tão desanimados que elevamos ainda mais nossos critérios de qualidade — até chegar o momento em que, para usar uma metáfora mais desagradável, ficamos tão constipados que as palavras se recusam a sair.

É nesse ponto que as assim chamadas pessoas criativas começam a falar com vagueza em "apaixonar-se pelo processo". Também já fiz isso. Eis o raciocínio: como é tão agonizante produzir um bom trabalho, por que em vez disso não desfrutar do simples fato de estar trabalhando? Mas hoje estou certo de que essa ideia, na maioria das vezes, não passa de um mecanismo de defesa empregado por alguém ansioso com o resultado final de seus esforços — e que nunca funciona de verdade, de um jeito ou de outro, pois se você realmente liga para o resultado, dizer a si mesmo que não se importa não vai ajudar em nada. "Numa conversa recente com uma amiga", escreve o especialista em criatividade e rabugento-mor Robert Fritz no livro *The Path of Least Resistance* [O caminho da mínima resistência], "ela comentou sobre 'a sacralidade' e a 'apreciação transcendental' do processo. Quase escutei um coro de anjos cantando suavemente ante aquela rapsódia." Esse tipo de conversa em geral só é tolerada entre os tipos artísticos: experimente dizer aos clientes da sua empresa de contabilidade ou do seu escritório de advocacia que você decidiu "se apaixonar pelo processo" em vez de recolher os impostos pendentes ou redigir seus testamentos e veja no que isso vai dar.

Um modo pragmático e imperfeccionista de atenuar a obsessão com resultados é estabelecer uma meta quantitativa. Você não precisa fingir que não se importa com o resultado do seu trabalho, tampouco erradicar essa parte sua que anseia pelo controle. Dê a ela algo para fazer — apenas se certifique de que não tenha nada a ver com a qualidade do resultado. Oitocentas palavras por dia, uma hora toda noite naquele frila que você faz para ganhar uma grana extra, cinco clientes em potencial contatados, três páginas dos textos que cairão na prova resumidos em fichas de estudo (ou a regra das três horas que vimos no "Décimo Terceiro Dia"): são metas que qualquer pessoa com um pouco de tempo disponível consegue atingir, contanto que esteja disposta a aceitar que, por ora, o objetivo não é a qualidade. O empreendedor James Altucher sugere a prática diária de escrever dez ideias sobre seja lá o que acharmos interessante em um caderninho: dez pessoas a serem contatadas, dez possíveis planos para o fim de semana, dez maneiras de ganhar dinheiro etc. E se não tivermos dez? "Eis o truque de mágica: se for difícil ter dez ideias, tenha vinte." A quantidade supera o perfeccionismo, explica Altucher: "O perfeccionismo é o resultado do nosso cérebro tentando nos proteger [...] de ter uma ideia vergonhosa e ridícula que poderia nos causar desgosto. Gostamos do cérebro. Mas é preciso desligá-lo para ter ideias". Uma meta quantitativa devolve o leme a nossas mãos: em vez de *esperar* produzir algo bom, sabemos que conseguiremos produzir *algo*.

A alternativa a ficar olhando fixamente para a tela é tentar a técnica do *freewriting*, em que determinamos uma meta quantitativa em função do tempo — dez minutos, por exemplo — e começamos a escrever sem interrupções até o cronômetro cessar. (O método está longe de ser útil somente para escritores profissionais: podemos usá-lo para escrever sobre qualquer desafio profissional ou pessoal que estivermos enfrentando.) O objetivo não é correr para escrever o máximo de palavras possíveis; escrever devagar é mais do que aceitável, contanto que você não pare. O verdadeiro objetivo consiste em subverter o procedimento tradicional no qual nossa principal atividade, conforme encaramos a tela do computador ou a página do caderno, é "pensar em algo para escrever", e só escrever de fato se o guarda no portão consentir que entremos. No freewriting, você dispensa o sentinela, põe uma trava na grade para mantê-la aberta e escreve, a despeito de ter ou não algum assunto. (Se não conseguir pensar em nada para escrever, escreva sobre não ter nada para escrever.)

Preciso dizer que odiei o freewriting no início? Permitir que nossas ideias cheguem ao papel sem nenhum controle de qualidade viola tudo aquilo que o perfeccionista incorrigível mais defende, embora possamos sempre editar ou deletar mais tarde. Ainda assim, o método me surpreende toda vez: em alguns casos, porque resulta em um texto bem escrito ou em soluções criativas; em outros, por me lembrar que, apesar do trabalho estar muito aquém dos meus padrões — quando o que escrevi não é bom ou não me ocorreu nenhuma solução criativa —, o mundo não dá indícios de que vai desmoronar.

Vigésimo Primeiro Dia
O que é uma interrupção, afinal?
Sobre a importância das distrações

> *A grande conquista, no limite do possível, é pararmos de considerar imprevistos como interrupções em "nossa" vida ou na vida "real". Claro, na verdade, o que chamamos de interrupção é precisamente a vida real — a vida que Deus nos reserva, dia após dia.*
> C. S. Lewis

Talvez você esteja convencido de que não teria a menor dificuldade em encontrar tempo para as atividades que de fato importam se ao menos as outras pessoas o deixassem em paz ou se você não se distraísse com tanta facilidade. Mas esse também se revela mais um dos contextos em que, como vimos ao longo desta semana, é uma boa ideia pegar leve com seu espírito controlador. Até interrupções e distrações podem estar entre as coisas que devemos deixar acontecer.

Qualquer pessoa minimamente interessada na questão da produtividade pessoal já deve ter tentado, em algum momento, controlar as interrupções e distrações por meio de técnicas de gestão de tempo como o *time-boxing*, em que decidimos de antemão quais tarefas completaremos a cada hora do dia, ou os "rituais de foco", que nos ajudam a domar nossa atenção para resistir às divagações — ou então simplesmente se esconder em algum canto da casa onde há menos chance de sermos incomodados. Se você já tentou alguma delas, é provável que também tenha descoberto suas consequências perversas, que são: a) fazer com que interrupções e distrações pareçam cada vez piores, quando acontecem; b) fazer com que mais coisas sejam definidas como interrupções e distrações indesejadas. Suponha que sejam 16h10, num dia em que não é minha vez de buscar as crianças na escola, e estou bastante concentrado no escritório da minha casa quando, de repente, meu filho aparece animado para me contar sobre os preparativos para a peça da escola. É um breve momento de conexão, o tipo de coisa em torno da qual nossa vida deveria girar — exceto pelo fato de que, se meu plano de *time-boxing* determina o horário das quatro às cinco para foco profundo, o episódio se torna uma intromissão súbita, mais um pequeno fator para meus planos darem errado. Caso um pouco antes das quatro eu meditasse, entrando em um estado de quietude mental como preparo para minha hora de concentração, a chegada dele teria sido ainda mais irritante e indesejada.

Numa escala mais ampla, podemos cair na armadilha de enxergar toda a vida dessa maneira, interpretando tudo o que fazemos ao longo do dia como uma extensa série de interrupções e distrações que nos desprendem do que julgamos ser um *dever* estar fazendo. Claro, é normal não gostarmos de determinados aspectos da vida ou do trabalho. Mas viver com a crença arraigada de que o mundo está repleto de pessoas e circunstâncias que precisam ser mantidas à distância é uma profecia autorrealizável. Faz com que cada vez mais pessoas e circunstâncias precisem ser mantidas à distância se quisermos escutar nossos próprios pensamentos por alguns minutos.

Da próxima vez que você tiver um tempo só seu, que tal usá-lo para refletir sobre a suposta onisciência contida na tentativa de minimizar as "interrupções" e impedir as "distrações"? A ideia de que tais rótulos possam ser aplicados sem erro antes que as coisas de fato aconteçam insinua que sempre sabemos de antemão a melhor maneira de passar nosso tempo — e que se a realidade não concordar, pior para ela. E em termos objetivos, tudo no mundo são coisas acontecendo, seguidas de outras coisas acontecendo e depois ainda mais coisas. Quando definimos algumas delas como interrupções ou distrações, acrescentamos uma camada mental à situação e separamos os eventos em categorias estanques do que deve ou não deve acontecer. Não há nada errado nisso, não em específico — afinal, não é um problema termos preferências particulares sobre como gostaríamos que nosso dia transcorresse. Mas, no mínimo, é um lembrete para não nos apegarmos a elas com confiança cega, a ponto de transformar a vida numa luta constante contra acontecimentos que inutilmente decidimos que não deveriam acontecer — ou a ponto de impedir a possibilidade de que uma interrupção possa se revelar um acontecimento bem-vindo.

Como explica o mestre zen John Tarrant, o modo como nos referimos às distrações sugere algo tão prejudicial quanto: um modelo de mente humana segundo o qual a configuração predefinida seria de estabilidade, constância e foco total. "Dizer a mim mesmo que estou distraído é uma maneira de dar um puxão na coleira e tentar retomar o ritmo", ele escreve. Mas a verdade é que o estado de atenção fixa não é nosso padrão. Em sua condição natural, a mente deve pular sem trancos de um lado para outro, em geral concentrada apenas de leve e receptiva a novos estímulos, estado às vezes chamado de *open awareness* [OA, na sigla em inglês], que está associado à incubação da criatividade, como mostram pesquisas em neurociência. Há razões evolucionárias profundas para isso acontecer: um ser humano pré-histórico que decidisse se concentrar em apenas uma atividade e permanecer nela por horas a fio, de modo que nada o perturbasse, não tardaria a ser devorado por um tigre-dentes-de-sabre. Em algumas tradições, os monges passam anos desenvolvendo concentração máxima em mosteiros projetados com o único objetivo de proporcionar o isolamento necessário para que ele *não ocorra* de forma natural. E, portanto, enquanto a ideia de interrupção define eventos imprevistos como ruins em essência, a ideia de distração define os movimentos da mente como igualmente problemáticos.

Dedicar-se a eliminar as interrupções e distrações pode até parecer uma maneira de ficarmos ainda mais absortos no que acontece, mas é algo que, na verdade, nos distancia disso. Prejudica nossa capacidade de reagir à realidade conforme ela ocorre, de aproveitar oportunidades inesperadas e de sermos cativados por paisagens cotidianas inspiradoras ou conversas fascinantes, de permitir que nossa mente faça viagens não planejadas por diversos territórios criativos, de sentir prazer em vez de irritação quando uma criança invade o escritório no momento em que cumprimos nossas obrigações. "É isto que a vida significa: abandonar-se aos acontecimentos e às distrações", escreve Tarrant. Ao ver as coisas por esse prisma, percebemos que a moderna distração digital se faz tão perniciosa não pelo modo como desvia nossa atenção, mas pelo fato de que a *prende* em conteúdos projetados por algoritmos para nos segurar por horas, diminuindo nossa disponibilidade para os tipos de distrações fortuitas e frutíferas da vida.

Isso não quer dizer que não devemos impor limites ou tentar trabalhar em ambientes tranquilos, ou ainda que temos de aceitar de bom grado situações em que somos importunados por algum sem-noção prepotente. Apenas significa que devemos encarar os fenômenos a que nos referimos pejorativamente como "interrupções" e "distrações" de forma um pouco mais neutra. Paul Loomans (que vimos no "Décimo Primeiro Dia", falando sobre "ir ao quartinho da bagunça") os chama de "visitas inesperadas". Seu conselho é lhes devotar total atenção. Ou seja: uma vez que nosso foco já foi desviado — depois que a criança entrou no escritório ou quando a ansiedade pelo horário de uma consulta médica nos desprende da leitura de um romance —, não devemos lutar contra o fato, e sim lidar com a nova realidade. Anote o horário da consulta ou olhe a criança nos olhos e escute o que ela tem a dizer — feche seu notebook para dar atenção a ela ou explique que você precisa primeiro terminar o que estava fazendo. É absolutamente possível, observa Loomans, "dar total atenção à pessoa conforme lhe dizemos que, no momento, não temos tempo", e fazê-lo é muito mais agradável para os envolvidos do que tentar manter parte do nosso foco no que fazíamos antes. Quando dividimos nossa atenção, "ficamos tensos e a outra pessoa sente que não está sendo ouvida. Pode acontecer de ela se demorar mais tempo e continuar a insistir no que pede".

E por falar em crianças entrando em escritórios: no instante em que escrevo, quase 60 milhões de pessoas assistiram ao episódio em que as duas filhinhas de Robert Kelly, especialista em política coreana que vive em Busan, na Coreia do Sul, entraram em seu escritório quando ele concedia uma entrevista ao vivo para a BBC, durante a pandemia de covid-19, e aprontaram uma algazarra por alguns segundos antes que a mãe conseguisse, acrobaticamente, tirá-las de lá. Será que alguém pensa que foi uma interrupção ruim? É claro que não, ela marcou um momento trágico da história com um pouco de alegria e despertou, no mundo todo, a solidariedade de pais em isolamento tentando equilibrar o trabalho e a vida familiar. "Achamos que nunca mais seríamos chamados por uma rede de TV", recorda Kelly, mas aconteceu o contrário: o episódio também foi benéfico no âmbito profissional. É impossível prever. Tentamos com todas as forças nos manter fixados ao rochedo da concentração total, caímos aqui e ali — no entanto, sempre que acontece, nas belíssimas palavras de John Tarrant, "o mundo nos segura toda vez". Perdemos o pé do planejamento para o dia e saímos rolando pela vida.

Quarta Semana

Marcando presença

A história tem origem na China e conta de um velho pintor que convida os amigos para ver sua obra mais recente. Era a pintura de um parque com uma trilha estreita beirando um riacho, embrenhando-se num bosque e culminando à porta de um pequeno chalé ao fundo da tela. Quando os amigos se viraram, perceberam que o pintor sumira — entrara na pintura. Uma vez ali, o homem seguiu pela pequena trilha que levava à porta, parou imóvel diante dela, virou-se, sorriu e desapareceu sob o vão estreito. Eu também, quando ocupado com minhas tintas e pincéis, era de súbito deslocado para dentro da pintura. Assemelhava-me à porcelana que entrara na nuvem de cores.
Walter Benjamin

Vigésimo Segundo Dia
Pare de ser condescendente com seu eu do futuro
Sobre ocupar o tempo e o espaço por completo

> [Há] uma atitude e um sentimento estranhos de que ainda não estamos na vida real. Podemos fazer isso ou aquilo no momento, mas, apesar de se tratar de [um relacionamento com] uma mulher ou um emprego, ainda não é o que realmente queremos, e sobre nós paira sempre a fantasia de que em algum momento no futuro a coisa real se materializará [...]. O que o homem mais teme nisso tudo é se prender ao que quer que seja. Há um medo terrível de ficarmos imobilizados, de adentrarmos por completo o tempo e o espaço e de sermos os seres humanos singulares que somos.
>
> Marie-Louise von Franz

A verdade no cerne do imperfeccionismo é o tema que abordaremos nesta última semana: o momento presente, o aqui e o agora, é a vida real. E é tudo o que existe. Uma porção limitada de tempo, a parte que vem *antes* de assumir o leme da vida, lidar com os problemas de procrastinação, formar-se na faculdade, encontrar a cara-metade, aposentar-se ou ainda assegurar a sobrevivência da democracia e da natureza: essa parte é tão importante quanto qualquer outra e, quem sabe, até mais importante do que todas as demais, pois se o passado ficou para trás e o futuro está por vir, o presente é o único momento que existe. Se adotarmos a abordagem alternativa — encarando a realidade como mero preparativo para algum instante futuro em que a vida de fato começará para enfim a desfrutarmos e nos sentirmos bem com nós mesmos —, cairemos no erro de tratar o cotidiano não como o momento a ser vivido, mas como um problema a ser superado, e então a vida chegará ao fim sem que a parte significativa tenha acontecido. Devemos marcar presença no agora tanto quanto possível, no fluir das coisas como elas são. Isso não quer dizer que não possamos ter planos ambiciosos — as grandes realizações, a fortuna que tentamos acumular ou a diferença que desejamos fazer no mundo. Longe disso. Significa que você pode lutar por esses objetivos e sentir-se vivo ao mesmo tempo, envolvido conforme os persegue, em vez de adiar a sensação de estar vivo para quando — ou se — eles forem alcançados.

Quando escreveu a memorável passagem citada em epígrafe, a psicóloga suíça Marie-Louise von Franz, estudiosa de contos de fadas, tinha em mente um tipo específico de adulto, mais precisamente homens que se agarram a uma existência livre de compromissos porque temem os sacrifícios envolvidos em levar a vida mais a sério. Eles são uma companhia encantadora, até o dia em que não são mais; e quando menos esperam, passam a ser os cinquentões suspeitos em bares cheios de pessoas com metade da sua idade. Homens que desperdiçaram a vida com fantasias de um futuro ilimitado. Mas existe outra maneira de viver o que Von Franz chama de "vida provisória", ou seja, levar a vida *demasiadamente* a sério: ficamos tão obcecados em usar nosso tempo com sabedoria e eficiência em prol do futuro que tratamos o presente como apenas um preparativo para a fase em que não teremos mais problemas. Esse é o destino de alguém que John Maynard Keynes descreve como "o homem de propósito", que "não ama seu gato, mas os filhotinhos dele; na verdade, tampouco ama os filhotinhos, mas apenas os filhotes dos filhotinhos, e assim por diante, para todo o sempre, até o fim da gatidade".

O filósofo Dean Rickles escreveu um relato comovente sobre as próprias dificuldades com o segundo tipo de vida provisória. Recorda que, aos doze anos, foi atingido por uma "epifania absoluta": a ideia de que "podia poupar meu eu do futuro de problemas e também fazer do futuro um lugar melhor ao agir de uma maneira específica" no presente. E assim pôs mãos à obra. Entre as várias atividades pelas quais se condenara à infelicidade para ser feliz mais tarde estava praticar piano, e o fez tão intensamente que chegou a ferir a ponta dos dedos. Ele levou o adiamento da gratificação ao extremo. A estratégia de tratar a vida como um exercício para o eu do futuro "serviu-me bem em alguns aspectos, mas muito mal em outros, já que me dediquei à prática num grau punitivo do qual ainda estou me recuperando [...]. Era um comportamento patológico para caramba, totalmente chocante e bizarro olhando em retrospecto". Na época, ele presumiu que seu eu do futuro ficaria agradecido, mas hoje em dia, escreve, o que sente por seu eu do passado é, acima de tudo, pena.

Não que a preocupação com nosso eu do futuro seja algo ruim, ainda mais quando somos jovens. Podemos argumentar que é fácil para Rickles se arrepender da penitência autoimposta agora que é um pianista proficiente — da mesma forma que seria fácil, para mim, pensar: "quem dera eu não tivesse sofrido de tanta ansiedade durante a graduação agora que tenho uma carreira que nem existiria sem meu diploma". Mas assim como na fobia de compromissos explicada por Von Franz, o motivo para nos preocuparmos em excesso com nosso eu do futuro é o horror aos limites. Em nome da simplicidade, descrevo a questão com dois tipos de personalidade distintas, mas muitos de nós possuem elementos de ambos. É o meu caso.

Uma pessoa com medo de se comprometer não suporta adentrar "por completo o tempo e o espaço" porque, para ela, deixar-se prender a um objetivo sério significa renunciar a todas as demais possibilidades. Ela imagina estar mantendo as opções em aberto, embora, é claro, tenha escolhido um caminho — afinal, dedicar parte de um tempo finito ao estado de não compromisso não deixa de ser uma opção. Por outro lado, a pessoa muito responsável evita adentrar "por completo o tempo e o espaço" ao situar o real valor de suas ações do momento presente apenas no futuro. Isso lhe permite vivenciar o que Keynes chama de "imortalidade espúria e ilusória", a lógica absurda de que se o sentido da vida ainda está por vir, então com certeza você estará vivo para vivenciá-lo — e enquanto você continuar investindo no futuro, talvez não morra.

De acordo com uma das vertentes populares da autoajuda, a única alternativa viável para viver no futuro nessa perspectiva é "viver o momento" de uma forma que implique renunciar a grandes planos e ir com calma, sem se esforçar mais do que você se esforçaria para viajar até seu próximo retiro de ioga. Porém, estar presente por completo no aqui e agora tem mais a ver com o *modo* como perseguimos nossos planos para o futuro, e decerto não exige que os abandonemos. Significa abrir mão da ideia de que não podemos nos permitir estar imersos na vida antes que nossos planos se concretizem e compreender que, pelo contrário, a busca por metas ambiciosas é uma *maneira* excelente de estar imerso na vida por completo. (Ao olhar para trás, percebo que vivia dizendo a mim mesmo que quando descobrisse como ser um grande jornalista, um bom marido e o melhor pai do mundo, eu me permitiria relaxar nesses papéis. Hoje, pelo menos nos meus melhores dias, percebo que me descobrir nesses papéis é a essência de uma vida envolvente, não algo que devo fazer a fim de me preparar para uma.)

Por outro lado, ainda que estar mais presente no momento não signifique somente levar as coisas com calma, é muito possível que essa seja a solução para o seu caso. Talvez esteja na hora de você tirar um ano sabático ou o que Tim Ferriss chama de "miniaposentadoria", uma pausa intencional para realizarmos, sem receios, alguma aventura que estávamos postergando para bem mais tarde na vida. Afinal, nada garante que você continuará vivo daqui a alguns anos. Talvez hoje seja o momento de passar pelo menos uma hora se divertindo, aproveitando o rendimento dos investimentos que você fez para seu eu do futuro, por assim dizer, e gastando com seu eu do presente.

Todos nós sabemos que, hoje em dia, muitas pessoas poderiam se beneficiar de aprender a postergar a gratificação mais do que o fazem. Mas se você é o tipo de pessoa que concorda 100% com essa afirmação, é muito provável que se beneficiaria de aprender a postergá-la menos. Imagino que o leitor já tenha ouvido falar dos chamados "experimentos do marshmallow", em que o psicólogo Walter Mischel e seus colegas apresentaram a algumas crianças as seguintes opções: comer o marshmallow oferecido ou aguardar sozinhas numa sala por dez minutos para ganhar mais um. Em algumas versões do experimento, como vemos nas gravações, as que adiaram a gratificação cantaram ou falaram em voz alta para tentar controlar o desejo de comer o doce. As que conseguiram resistir à tentação mostraram melhor desempenho acadêmico e saúde no futuro, além de outras diferenças positivas na vida adulta. Os motivos ainda são debatidos, mas me parece evidente que a autodisciplina de não comer o primeiro marshmallow é uma característica imprescindível para o que consideramos uma vida bem-sucedida. No entanto, não há vantagem alguma em acumular a maior quantidade possível de marshmallows intocados que seriam deliciosos se nos permitíssemos consumir ao menos um. Em algum momento, a fim de saber quais são os benefícios de ganhar mais marshmallows, teremos de provar o primeiro.

Vigésimo Terceiro Dia
Como fazer da sanidade o ponto de partida
Sobre poupar para o presente

Tratar a vida como uma peregrinação rumo a um futuro e a uma existência melhores significa negar seu valor presente.
W. Somerset Maugham

Uma conclusão a tirar do fato de que *o presente é tudo o que temos* é que o esforço de correr atrás da sanidade não adianta de nada. Em vez disso, precisamos agir a partir da sanidade. A afirmação pode soar um pouco críptica, mas suas implicações práticas são imensas.

Uso a palavra "sanidade" para me referir, muito amplamente, à sensação de estar levando o tipo de vida que sempre sonhamos — no meu caso, significa ser calmo e focado, cheio de energia, produtivo e conectado a outras pessoas, não alguém ansioso, isolado e sobrecarregado. Para mim, a palavra evoca ter os pés no chão num sentido intrínseco, que persiste até em períodos de dificuldade ou sofrimento. No entanto, a menos que consideremos nossa existência absolutamente perfeita, é natural tratar a sanidade como o estado que se busca alcançar. É provável que já a tenhamos em alguma medida, mas gostaríamos de ter muito mais; não nos sentirmos sobrecarregados, por exemplo, é algo que podemos desejar. Essa condição pode estar muito próxima ou muito distante de ser conquistada, mas o importante é que não devemos partir dela.

E, contudo, parece ser uma regra fundamental que, caso tratemos a sanidade como um estado a ser alcançado após uma série de preparativos ou apenas quando tirarmos outras coisas do caminho primeiro, o principal resultado será reforçar a sensação de que se trata de algo fora de alcance. O estresse e a ansiedade criam raízes mais profundas em vez de serem erradicados. E podemos realizar todo tipo de atividades, mas elas nunca nos trarão paz de espírito porque, na prática, estamos dizendo a nós mesmos, dia após dia, que a sanidade é algo distante e inacessível no momento presente.

É isso que quero dizer com "correr atrás da sanidade". "Agir a partir da sanidade", por outro lado, significa adotar um tipo de orientação para a vida que trate o momento presente como uma realidade em que a paz de espírito pode ser conquistada — e então viver de acordo com essa orientação, sem tratar nossas ações como coisas que fazemos a fim de um dia alcançá-la. No livro *Anti-Time Management* [Gerenciamento antitempo], Richie Norton sintetiza essa filosofia em duas etapas: primeiro, "decida quem você quer ser"; depois, "aja com base nessa identidade".

O comportamento característico de alguém em busca de sanidade é o "tirar da frente": lidar primeiro com todas as tarefas menores que exigem atenção redobrada para, num esforço descomunal, tentar chegar ao ponto em que finalmente esperamos ter um tempinho a mais para nos concentrarmos nas atividades mais interessantes. O problema do método "tirar da frente", como já vimos, é que o suprimento de coisas que ficam na frente é ilimitado.

É inevitável que o compromisso de tirar coisas da frente leve a uma vida dedicada apenas a tirar coisas da frente sem parar.

Em contrapartida, o comportamento característico de quem parte da sanidade é o que a coach de criatividade Jessica Abel chama de "pague-se primeiro com o tempo", ou seja, reservar um tempo para fazer o que importa para você agora em vez de esperar um momento livre, pois trata-se de entender que até mesmo trinta minutos dedicados a alguns de seus interesses no presente são mais valiosos do que centenas de horas hipotéticas no futuro. Do mesmo modo, enquanto o maratonista da sanidade sofre de exaustão e se acaba de trabalhar — tumultuando a vida hoje na esperança de relaxar amanhã —, quem parte da sanidade percebe que é muito mais vantajoso fazer pausas de descanso já, por mais breves que sejam.

Claro que você não vai *se sentir* calmo, concentrado ou "são" quando estiver fazendo tudo isso, especialmente no começo. Além do mais, você pode ficar ansioso com as coisas que não consegue tirar da frente. Mas o importante em agir a partir da sanidade é empenhar-se nos comportamentos que constroem uma vida significativa, seja como for, e deixar que os sentimentos resultem disso, não passar a vida num malabarismo infrutífero com eles. Há três técnicas particularmente úteis a se ter em mente aqui:

Separe tarefas acumuladas. Se acumularmos uma lista enorme de e-mails ou outras obrigações menores, buscar a sanidade pode exigir que reservemos, por exemplo, cinco dias inteiros para não fazer nada além de lê-los um por um — o que dificilmente funciona, em parte porque perdemos a motivação, em parte porque outras tarefas e mensagens surgem nesse meio-tempo, deixando-nos mais sobrecarregados do que antes. Agir a partir da sanidade, tratando-se de coisas acumuladas, significa seguir o conselho do especialista em gestão Mark Forster. Primeiro, ponha todos esses e-mails numa pasta separada ou todas as tarefas numa lista separada. (Pronto, num passe de mágica, sua caixa de entrada está vazia!) A partir daí, sua prioridade não é tirar as mensagens acumuladas da frente, mas permanecer atualizado com os *novos* e-mails ou *novas* tarefas, a fim de evitar que as coisas se acumulem mais uma vez. Resolva os acúmulos aos poucos, dia após dia — e se considerar que não haverá consequências, simplesmente esqueça-os.

Encontre tempo livre renegociando compromissos, não planejando se comprometer menos. Se o que está no caminho da sua paz de espírito é uma série de compromissos que você se arrepende de ter assumido, buscar a sanidade envolve tentar cumprir todos eles ao mesmo tempo que se decide por assumir menos compromissos. (Alerta de spoiler: você continuará assumindo tantos quanto antes.) Agir a partir da sanidade, neste caso, significa aguentar o tranco e renegociar algumas das coisas com as quais você *já* se comprometeu: desistir de certos projetos, solicitar ampliação de prazos, cancelar eventos sociais etc., de modo a reduzir as demandas reais do momento em relação ao seu tempo, não apenas as demandas hipotéticas do futuro.

Trate sua lista de tarefas como um cardápio. Para a mentalidade de busca da sanidade, uma lista de tarefas deve ser sempre concluída antes de nos permitirmos relaxar. Mas em qualquer situação na qual haja mais coisas a serem feitas do que tempo disponível para fazê-las — que é o normal, afinal —, uma lista de tarefas deve ser tratada como um cardápio, ou seja, uma lista de tarefas a escolher, não a concluir. E agir a partir da sanidade significa abordá-la assim: começando por admitir que você não completará tudo que planejou, depois escolhendo com base nas opções disponíveis. É claro, nem toda tarefa da lista será apetecível como a analogia do restaurante sugere. Mas é surpreendente como muitas coisas se tornam palatáveis quando as encaramos como escolhas, e não obrigações chatas a cumprir.

Agir a partir da sanidade pode ser um pouco incômodo no início. No entanto, do desconforto emerge, quase de imediato, um tipo inusitado e fascinante de satisfação. Temos a sensação de estarmos mais envolvidos com a experiência, como se exercêssemos maior influência sobre o mundo, mesmo tendo conseguido isso mais por meio de um relaxamento do que intensificando as tentativas de nos sentir no controle. A vida não é livre de problemas e, neste ponto, já não acreditamos que algum dia o será. Mas os problemas se tornam mais administráveis e interessantes, e muitas vezes descobrimos que sentimos prazer em lidar com eles. Esse modo de viver se assemelha mais a uma caminhada pelas montanhas, com vento e chuva batendo no rosto, do que a um dia de sol na praia: requer esforço e nem sempre será agradável, mas é estimulante, revigorador e vital.

Vigésimo Quarto Dia
"Hospitalidade desleixada"
Sobre encontrar conexões nas falhas

> *Uma casa sempre bem-arrumada é
> sinal de uma vida mal vivida.*
> Mary Randolph Carter

A expressão "hospitalidade desleixada" foi cunhada em 2014 por Jack King, um pastor anglicano do Tennessee. Ele e a esposa gostavam de receber amigos em casa para jantar e mantinham uma checklist que consultavam o tempo todo antes que os convidados chegassem: "Escolher o cardápio, fazer as compras, aparar a grama, varrer o chão, passar pano, arrumar o quarto de brinquedos [...], pôr a mesa, arrumar o quarto de brinquedos (sim, outra vez) e, em algum momento, rezar para tudo ser feito antes da campainha tocar". Completar os itens da lista deixava a casa mais acolhedora para as visitas e, ao mesmo tempo, sutilmente dissuadia o casal de convidar mais gente, já que dava tanto trabalho. Além do mais, King começou a se questionar: não era um pouco estranho se empenhar tanto para esconder sua realidade diária das pessoas que considerava seus amigos ou que esperava vir a ser? Pode-se até definir "amizade" como uma conexão que não é ameaçada se a grama do quintal estiver muito alta ou se ninguém tiver passado o aspirador no tapete. E assim King e a esposa tomaram uma decisão imperfeccionista admirável: convidar amigos para jantar sem arrumar a casa e recorrer apenas ao disponível na despensa. Como ele afirma num sermão:

> Hospitalidade desleixada significa não esperar que tudo na casa esteja em ordem para convidar e servir os amigos. Hospitalidade desleixada significa ter apetite antes por uma boa conversa, servir uma refeição simples com o que há em casa e não com o que falta. Hospitalidade desleixada significa que a pessoa está mais preocupada com a qualidade da conversa do que com a impressão deixada por sua casa e seu gramado.

Enquanto conceito, a hospitalidade desleixada já é bastante valiosa por representar a permissão para nos esforçarmos um pouco menos em manter uma casa impecável. Mas King fala de algo mais profundo: a disposição em permitir que os outros vejam sua vida como ela é também é um gesto de generosidade. Mesmo antes de conhecer seus sermões, eu havia observado uma estranha contradição na minha postura em relação à bagunça doméstica. Se notasse, digamos, farelos de pão embaixo de *nossa* geladeira ou a correspondência empilhada em montes em cima da *nossa* mesa poucas horas antes dos convidados chegarem, corria para arrumar tudo. Se visse que alguém havia esquecido de dar descarga — o que acontece numa casa com crianças —, suspirava aliviado por ter percebido a desastrosa negligência a tempo. Porém, se notava farelos de pão ou correspondência espalhada quando visitava amigos, eu me sentia estranhamente privilegiado, como se tivesse recebido acesso VIP para suas vidas — significava que de fato éramos amigos. Nem mesmo um vaso sanitário sujo me levaria a julgá-los. E por que julgaria?

Não há nada de errado em querer deixar a casa arrumada para acolher visitas: alguns adoram o desafio de torná-la o mais encantadora possível. Mas a ideia de que uma casa arrumada é pré-requisito para receber amigos parece-me vir da suposição de que há algo incompleto ou inadequado em nossa vida no restante do tempo. Como a casa de nossos amigos deve estar tão bagunçada quanto a nossa, então podemos sugerir, inclusive, que há algo de errado com a vida deles também. Não me admira que renunciar a todo o aparato performático crie um vínculo mais profundo. O momento em que testemunhamos a cozinha caótica dos outros é o equivalente cotidiano dos erros de gravação nos quais os atores não conseguem manter o personagem e explodem em gargalhadas. Em teoria, não deveria acontecer, mas quando acontece, é uma sensação genuinamente deliciosa.

Claro que os benefícios de não ligar para as aparências ultrapassam um simples jantar. As pesquisas sobre a síndrome do impostor proporcionam outra rica fonte de exemplos. Podemos pensar que um bom método para aumentar a confiança de colegas de trabalho que se sentem uma fraude seria pô-los em contato com mentores inspiracionais. Mas quando as sociólogas Jessica Collett e Jade Avelis estudaram a síndrome do impostor entre acadêmicos, descobriram uma indesejada ironia: planos de mentoria baseados em formar duplas de mulheres inexperientes e experientes levaram as mais jovens a se sentirem *mais* inseguras e inadequadas devido à comparação negativa com as colegas bem-sucedidas. ("Uma delas afirmou desconfiar que sua mentora fosse a Mulher-Maravilha disfarçada", diz um relatório sobre a pesquisa. "Como ela poderia se sentir à altura desse exemplo?") Algo que funciona muito melhor é encorajar os mentores a serem sinceros sobre as próprias falhas e dificuldades: a verdadeira autoconfiança é despertada quando percebemos que não somos os únicos a carecer dela.

O escritor cristão David Zahl se refere a essa visão da humanidade, em que nos relacionamos com os demais pelo pressuposto de que todos lidamos com empecilhos e somos imperfeitos, propensos a cometer erros, como uma espécie de "antropologia baixa". É o oposto de uma "antropologia alta", em que nos concentramos com otimismo nos grandes feitos que esperamos de nós mesmos e dos outros — mas que, com muita frequência, resulta em ansiedade, julgamentos, ressentimento e estresse. "Uma antropologia alta define as pessoas apenas por seus melhores dias e suas maiores realizações, seus grandes sonhos e suas aspirações", escreve Zahl. "Uma antropologia baixa pressupõe uma linha contínua de sofrimento e falta de autoconfiança, [e] que o grosso de nossa energia mental está direcionada a assuntos que seriam constrangedores, ou até vergonhosos, caso divulgados." Ele ilustra o argumento contrastando-o com o famoso discurso de formatura feito por Steve Jobs em 2005, no qual o fundador da Apple exorta o público a buscar incansavelmente o trabalho dos sonhos e a nunca se contentar com menos, citando a ensaísta Anne Lamott:

> Todos nós estamos ferrados, quebrados, carentes e assustados, até as pessoas que parecem levar a vida numa boa. Elas são muito mais parecidas conosco do que imaginamos. Então, tente não comparar seu íntimo com o exterior delas.

À primeira vista, Jobs trata o público como bilionários e pessoas capazes de mudar o mundo, enquanto, para Lamott, a humanidade toda não passa de um bando de perdedores. Há uma pressão cruel na exortação supostamente inspiradora de Jobs. Permanecer na busca por um propósito único é o tipo de pressão que, sem sombra de dúvida, em vez de encorajar alguns membros da plateia a trilhar caminhos ousados na vida, acaba por inibi-los pelo medo de não estarem à altura da tarefa. Lendo Lamott, por outro lado, "sentimos nossos ombros relaxarem", como observa Zahl. A pressão some. "O que soa ofensivo é, na verdade, libertador."

E libertador não apenas porque podemos relaxar, mas também porque ficamos livres para agir. Saber que não preciso projetar uma fachada de competência infalível antes de iniciar um trabalho desafiador ou de me relacionar com as outras pessoas — pois entendo que todos têm um mundo interior igualmente confuso — torna-me muito mais propenso à ação. Além disso, o fato de estarmos todos no mesmo barco faz com que eu me sinta apoiado no que faço pelas pessoas ao meu redor, não numa competição estressante de soma zero contra eles. Nossos dias se transformam no contínuo exercício da hospitalidade desleixada mútua: um jantar em que todos se ajudam na cozinha e ninguém finge que a comida será mais sofisticada do que espaguete à bolonhesa. A falta de fingimento é o exato motivo para o jantar ser uma ocasião tão amigável e animada.

Vigésimo Quinto Dia
Viver não é acumulável
Sobre deixar que os momentos passem

> *Mas o ser das coisas finitas como tal é ter o germe do parecer como seu ser dentro de si: a hora de seu nascimento é a hora de sua morte.*
> G. W. F. Hegel

Cerca de dois anos atrás, me mudei com minha família do Brooklyn para a região de North York Moors, no norte da Inglaterra. Nas primeiras horas da manhã, munido de uma garrafa térmica com café quente, costumo sair para passear e apreciar a vista espetacular de vales e morros cobertos de urze até os cumes. No inverno, a luz rósea da aurora encobre os campos forrados de neve. Na primavera e no verão, uma coruja quase sempre voa rasante no meu caminho. É uma paisagem mágica pela qual sou apaixonado desde a infância.

Você ficaria surpreso em saber a frequência com que me sinto mal em relação a isso.

Ou talvez não, já que a tendência de transformar momentos prazerosos em experiências estressantes é bastante comum. Se eu colocasse a sensação do estresse em palavras, seria mais ou menos assim: "Que paisagem incrível! É o tipo de lugar onde sempre quis viver, com o tipo de atividade que sempre quis fazer pela manhã, então é bom eu ter certeza de aproveitar ao máximo e fazer tudo que puder para ter essa sensação para sempre, porque ela já está me escapando!". Mas a experiência de que falo não se traduz em palavras. Uma descrição melhor seria a sensação de apertar ou agarrar algo, na tentativa de absorver os acontecimentos e extrair deles o máximo proveito possível, a fim de reivindicá-los para mim. É desnecessário dizer que isso não é ideal se esperamos ter uma vida agradável.

Entre as tradições espirituais, o budismo oferece algumas percepções únicas sobre esse tipo específico de sofrimento: como somos mais infelizes do que deveríamos não apenas por reclamar de experiências negativas ou por sonhar com experiências não vividas, mas também por tentarmos nos agarrar, desesperados, a coisas boas que estão se desenrolando exatamente da maneira como gostaríamos. É o que acontece sempre que não conseguimos aproveitar momentos como um passeio na natureza, o nascimento de um filho ou um prato excepcional por estarmos mais concentrados em prolongá-los para o futuro do que vivê-los no presente. Também é o que acontece quando estamos ocupados tentando "criar lembranças" de uma experiência para refletirmos sobre elas mais tarde — ou, pior, para postar nas redes sociais. Outra versão do mesmo fenômeno ocorre quando chegamos ao final de um dia excelente no trabalho ou muito gratificante em nossa rotina de exercícios, mas em vez de pensar "Que dia incrível!" e desfrutar da conquista, pensamos "Oba! É um dia *como este* que eu quero ter sempre, agora tenho a obrigação de fazer com que amanhã seja o primeiro de muitos outros dias iguais a ele!". Parabéns: você transformou uma potencial fonte de alegria em mais uma causa de estresse.

Em todos esses exemplos, estamos de diferentes maneiras nos ajustando às experiências para extrairmos mais coisas delas — uma camada adicional de prazer, motivação para futuros triunfos ou seja lá o que for. Contudo, a verdade, tão fácil de entender no nível intelectual, é que essa abordagem é prejudicial: boas experiências devem ser vividas, não acumuladas. Viver tentando acumular experiências, a fim de maximizar sua coleção ou de ter mais confiança em seu suprimento futuro, suscita segundas intenções que te impedem de desfrutá-las por completo. Sim, é ótimo guardar lembranças, mas não tentando colecioná-las. O modo ideal é vivê-las tanto quanto possível e, assim, lembrar-se delas vivas mais tarde.

"Talvez toda ansiedade", escreve Sarah Manguso, "derive de certa obsessão por momentos — de uma incapacidade em aceitar a vida como um fluxo constante." A tentativa de nos agarrarmos a experiências efêmeras expressa nosso desejo de reservá-las para propósitos futuros, paralisar o tempo ou, de algum outro modo, resistir ao fato de que *o presente é tudo o que temos*. E, contudo, decorre de nossa finitude que o valor de qualquer coisa boa que aconteça agora só pode residir, ao menos em parte, na experiência dela no momento em que ocorre, não na ilusória possibilidade de cooptá-la para nosso projeto, a longo prazo, de tentarmos nos sentir menos limitados. Quando afirmo que gostaria de contemplar os vales e os morros todas as manhãs "para sempre", nego minha finitude de uma maneira bastante óbvia, pois ainda que eu nunca me mude ou viva até os 130 anos, estou longe de viver "para sempre". Não passaria de apenas mais algumas décadas de caminhadas matinais, um fiapo de tempo contra o panorama dos éons. O meu aferramento não teria contribuído em nada para tornar a experiência permanente.

Compare as tentativas de se apossar de uma experiência com o espírito da cerimônia do chá japonesa, em que a efemeridade é compreendida não como uma ameaça, mas como fonte de valor de tudo o que acontece. A requintada precisão do ritual destina-se a articular e honrar a natureza irrepetível e inacumulável do momento, como explica Ii Naosuke, daimiô do século XIX:

> Grande atenção deve ser dada à cerimônia do chá, a qual podemos chamar de "um momento, um encontro" [*ichi-go, ichi-e*]. Mesmo que o anfitrião e os hóspedes se encontrem com certa frequência, o encontro de um dia nunca será reproduzido com exatidão em outro. Visto dessa forma, o encontro é sempre uma ocasião única na vida.

Podemos realizar uma centena de cerimônias do chá com as mesmas pessoas, mas *cada* cerimônia e *cada* chá serão únicos. Então, a extensão do tempo evapora para sempre. Se não fosse assim — se, desafiando a lógica, o momento perdurasse e pudéssemos regressar a ele sempre que quiséssemos, pelo tempo que quiséssemos —, ele seria muito menos valioso. Tudo na vida diz respeito à transitoriedade.

Nos dias em que me permito viver desapegado, as coisas são muito mais naturalmente prazerosas, afinal, não estou me obrigando a apreciá-las nem a me sentir grato por elas. Quanto menos tento tirar da experiência, mais descubro como sou capaz de usufruí-la e mais consigo estar presente para os demais envolvidos. Não que a vida passe a ser um estado de animação ininterrupta, é *triste* que um belo momento aconteça para depois desaparecer. Essa é a natureza da tristeza transmitida pela expressão japonesa *mono-no-aware*, a percepção de um páthos melancólico no caráter transitório das coisas, o tipo de tristeza pungente que aprofunda a experiência em vez de arruiná-la. É o que sentimos quando não estamos tentando nos agarrar ao momento e, portanto, quando paramos de sabotar as experiências que tivemos nele, mergulhando mais a fundo em cada uma. Sentindo-nos parte do momento. Sendo o momento.

Vigésimo Sexto Dia
Inconcebível
Sobre o consolo da dúvida

*Não encontrei, em toda a estrutura do pensamento,
uma única categoria onde recostar minha cabeça.*
E. M. Cioran

Uma velha piada judaica:
 O célebre rabino está em seu leito de morte. Os alunos fazem fila em ordem de senioridade para lhe prestar homenagens, aguardando, com a respiração pesada, suas palavras finais. Enfim, com esforço, o rabino abre os olhos e se dirige ao aluno mais velho: "a vida", declara ele, "é um rio." O aluno se vira para o segundo mais velho e a mensagem é repetida de um em um: "o rabino diz que a vida é um rio". Apenas o aluno mais novo, o último a receber as palavras, é ingênuo o bastante para arriscar a pergunta: "mas o que o rabino quer dizer com 'a vida é um rio'?". A pergunta é retransmitida pelos alunos, até que o mais velho, trêmulo com a audácia de questionar o mestre, fala: "meu rabino, perdoe-me a pergunta, mas o que o senhor quis dizer com 'a vida é um rio'?".

O velho, prestes a partir, abre os olhos pela última vez e encara o aluno em silêncio. Ninguém pisca. Então, ele encolhe os ombros e vira a palma das mãos para cima.

"Está bem", diz. "Então *não* é um rio!"

Arriscando exagerar na análise de uma piada (que, inclusive, encontrei nessa versão por intermédio do acadêmico Wilfred McClay), creio que ela sugere que a verdadeira sabedoria não reside em compreender o sentido da vida. E, sim, em entender que ela nunca será compreendida por completo.

Mas não é a partir desse pressuposto que, em geral, conduzimos nossos dias. Quando se trata de enfrentar a infinidade de problemas, grandes e pequenos, que a vida coloca em nosso caminho, temos um procedimento operacional padrão para o modo como reagimos. E ele ocorre em um nível tão fundamental que pode até ser difícil perceber que é um procedimento ou que existe uma alternativa. Funciona assim: primeiro, tentamos identificar o que diabos está acontecendo; depois, e realmente só depois, quando estamos confiantes de que entendemos a situação, tomamos uma atitude.

Quando a primeira parte desse processo — descobrir o sentido — vai longe demais, ele é chamado de "paralisia da análise", que descreve o fenômeno de quebrar a cabeça sem parar com pesquisas e indecisões. No entanto, poucos questionam a estratégia em si. E quando a estratégia *falha* — quando somos incapazes de compreender o que está acontecendo conosco ou com o mundo em geral —, a experiência é profundamente perturbadora. Afinal, é difícil relaxar quando não temos ideia do rumo de nossa carreira, se nosso relacionamento atual tem futuro ou o que a ascensão da inteligência artificial significa para nossa área profissional ou para a sobrevivência da humanidade.

Esse é mais um contexto em que é útil tentar imaginar como as coisas teriam sido para um camponês medieval — ou, na verdade, para qualquer pessoa em qualquer momento da história em que a vida humana era radicalmente mais incerta do que hoje em dia, embora elas talvez enxergassem com mais clareza a questão dos nossos limites. Naqueles tempos, ninguém sabia ao certo o que causava um surto de fome ou de doenças, tampouco conseguia afirmar que um eclipse total não pressagiava o fim do mundo. Era impossível dizer se a febre de um membro da família significava a morte ou uma gripe. A tradição e a religião ofereciam algumas explicações gerais, além de prescreverem rituais diversos, mas numa época em que certezas eram escassas, nunca teria nos ocorrido impor, como condição prévia para ação, a compreensão intelectual sólida de determinada situação. As pessoas eram obrigadas a conviver a vida toda com incertezas sobre quase tudo que acontecia ou que aconteceria.

Neste livro, examinamos as consequências de nossas limitações em relação à quantidade de coisas que conseguimos fazer, no tempo que temos disponível, e ao controle que podemos exercer. Mas também somos restringidos por uma barreira intelectual ainda mais básica, da qual nos esquecemos com muita facilidade nesta era de informações e conhecimentos científicos tão avançados. Nada garante, em momento algum, que seremos capazes de compreender o que está acontecendo no mundo ou qual seria a reação adequada para cada situação.

Mas e se "entender a situação" nem sempre fosse necessário? E se, na verdade, fosse mais um obstáculo para vivermos uma vida plena? A comparação medieval acima vem de John Tarrant (que vimos no "Vigésimo Primeiro Dia", sobre distrações e interrupções) e ilustra essas questões com um dos exemplos mais aflitivos que se pode imaginar: o de uma mulher que perdeu a filha e não consegue aceitar. Amigos bem-intencionados tentaram ajudá-la a reencontrar um sentido na vida, mas era impossível. Na verdade, encontrar um propósito existencial após tamanha calamidade só piorou as coisas. O que trouxe um pouco de paz para a mulher, e as primeiras motivações para recomeçar, foi perceber que um sentido estável de significado, bem como a compreensão clara do que se passava com ela, são coisas que, no fim das contas, talvez não precisem ser entendidas. Tarrant escreve:

> Ela aceitou que a vida estava além de tudo o que tinha imaginado, não havia razão para viver e, ao mesmo tempo, não havia razão para não sobreviver ou não sentir alegria [...]. Tinha de viver pelo mero prazer de estar viva, sem justificativas ou realizações. Ela descobriu que estava disposta a fazer isso. Também lhe ocorreu que adotar esse rumo era um ato de generosidade em relação a própria filha.

Se o fato de não precisarmos compreender o que acontece for capaz de nos proporcionar certa dose de consolo e um respiro *nesta* situação, como pode nos ajudar a ficar livres das incontáveis dificuldades menores que nos atormentam o tempo todo? Qual decisão podemos tomar hoje mesmo em relação a algum projeto importante, mesmo não sabendo como prosseguir após o passo inicial? Que problema podemos resolver — reatar um relacionamento rompido, mudar de postura — sem entendermos tudo o que deu errado? (Algumas pessoas passam a vida inteira tentando destrinchar a história de sua infância e, às vezes, isso ajuda, mas a busca por respostas muitas vezes carrega uma qualidade compulsiva que seria melhor esquecida.) Talvez a questão mais radical de todas seja que tipo de satisfação adicional, que tipo de diversão, obtemos no mundo após vislumbrar uma verdade que os povos pré-modernos atinavam a partir da intuição: se a vida é de fato tão confusa e precária, será que a alegria, caso possível, só é encontrada no momento presente, apesar de toda confusão e precariedade?

Aqueles dentre nós acostumados a confiar no intelecto para desbravar a vida podem ficar apreensivos com a ideia de depender um pouco menos dele — de nem sempre parar para pesquisar ou refletir sobre a situação antes de agir. Na história da humanidade, contudo, a sensação de estar à deriva num mundo de mistérios, obrigado a caminhar às cegas, é comum. Assim, não há necessidade de nos envergonharmos por ainda não compreendermos totalmente a área em que trabalhamos, como estar num relacionamento ou como criar filhos. Não quer dizer que algo esteja errado ou que não podemos tomar uma atitude construtiva — ou, como alternativa, relaxar — até todas as respostas serem encontradas. Significa apenas que temos uma capacidade limitada de compreender uma realidade infinitamente complexa. Não faz sentido deixar que isso nos impeça de viver.

Vigésimo Sétimo Dia
C'est fait par du monde
Sobre tentar

> *A vida é como tocar um solo de violino em público e aprender o instrumento à medida que o tocamos.*
> Samuel Butler

"Mas se não tivéssemos buscado o impossível", alguém me perguntou, certa vez, num evento público, "teríamos conseguido todos os avanços científicos atuais? E quanto a Steve Jobs ou Thomas Edison, eles não fizeram o que fizeram por terem ido além dos próprios limites?" A questão, que parafraseio de memória, toca em algo que nos incomoda na hora de aceitarmos nossas limitações, e é compreensível. Por acaso não é essencial justamente nos recusarmos a aceitar as limitações para conseguir superar o status quo e demolir o pressuposto de que a vida, tal como a conhecemos, é tudo o que podemos esperar?

A resposta, creio eu, é que confundimos os dois sentidos da palavra "impossível". Quando chamo algo de impossível neste livro, quero dizer que não pode ser feito de acordo com as leis fundamentais que governam os humanos no espaço e no tempo. Não podemos estar em dois lugares ao mesmo tempo, nossa vida não é eterna, não sabemos o que o futuro nos reserva, ninguém é eficiente a ponto de nunca ficar sobrecarregado por um grande volume de trabalho. (Suponho que eu deva aceitar que inovações nas fronteiras da tecnologia, como reproduzir e fazer o upload da consciência humana, possam mudar alguns desses casos um dia. Mas, por ora, deixemos isso de lado.) O sujeito que me fez a pergunta se referia a realizações que outrora pareciam espantosas — a erradicação da varíola, a invenção da lâmpada ou, pelo menos, do iPhone —, e ele tem razão em afirmar que a humanidade precisa de pessoas que se recusam a taxar certas visões como impossíveis. Mas a relação entre os dois significados de "impossível" é, na verdade, inversa. Em outras palavras, quanto mais dispostos a admitir as duras barreiras da finitude humana, mais fácil é fazer o que os outros consideram impossível. Quando paramos de tentar assumir as rédeas da vida, obter controle absoluto ou fazer tudo com perfeição, somos recompensados com tempo, energia e liberdade psicológica para realizarmos quase tudo aquilo que qualquer pessoa seria capaz de fazer.

Nunca vi isso mais bem sintetizado do que numa frase que um internauta anônimo atribuía à avó franco-canadense, usada quando algum familiar expressava admiração exagerada por uma obra de arte deslumbrante ou um avanço tecnológico chocante: *"c'est fait par du monde!"*. Algo como: "é feito por pessoas!". Trata-se de uma verdade indiscutível: se algo existe no mundo e antes não faz parte da natureza, com certeza foi feito por pessoas imperfeitas e limitadas — nenhuma delas dotada de maior capacidade para superar os desafios da vida do que nós. O melhor romance que você já leu? Foi escrito por uma pessoa. A organização filantrópica mais eficiente do mundo? Apenas pessoas. A Golden Gate Bridge, as pirâmides do Egito e o palácio de Versalhes? Mais pessoas. E o corolário, claro, é que se foram pessoas que fizeram tudo isso, não existem motivos aparentes para nós não sermos capazes de realizações admiráveis, ou ao menos contribuir para elas.

Disso não se infere que podemos fazer qualquer coisa que desejemos. Pessoas imperfeitas e limitadas pilotam aviões e realizam cirurgias cardíacas todos os dias, no entanto, não se discute que quase todos nós deveríamos nos abster de copiá-las. E, em parte, o talento é inato: duvido existir algum método de estudos, mesmo que começasse do berço e custasse milhões de reais, capaz de me fazer ganhar a Medalha Fields de matemática. As circunstâncias econômicas também impõem mais limites ao que muitas pessoas poderiam realizar caso tivessem a oportunidade. Ainda assim, o argumento se sustenta: nada que alguém já tenha feito no mundo exigiu habilidades sobre-humanas.

Isso me leva a L. Ron Hubbard, fundador da Igreja da Cientologia, e a uma observação que receio soar como admiração excessiva pelo homem. Então, tiremos do caminho as óbvias ressalvas: a cientologia é amplamente criticada e Hubbard, ao menos com base nas evidências apresentadas no livro de Lawrence Wright, *Going Clear* [Deixando claro], era um notório mulherengo, um violento narcisista e um mitomaníaco de primeira. (Ele contava histórias sobre torpedear submarinos japoneses como capitão de um navio da Marinha americana durante a Segunda Guerra Mundial, mas é bem provável que apenas atirava em alvos imaginários ou em troncos flutuando no oceano.) A única característica elogiável de Hubbard é a seguinte: ele decidiu fundar uma religião e simplesmente foi em frente. Parece nunca ter lhe ocorrido que a excentricidade ou dificuldade da tarefa pudesse ser um obstáculo. Ao assistir a algumas filmagens antigas do arquivo das palestras que ele concedeu na década de 1960, antes de fugir das autoridades inglesas, parece-me que inventou a cientologia ali na hora. Não me refiro às histórias mirabolantes sobre monarcas intergalácticos aprisionando pessoas em vulcões para explodi-las com bombas de hidrogênio que, por certo, saíram de sua imaginação. Minha teoria (não comprovável) é de que ele estava inventando as coisas à medida que avançava. "Lembro-me de certa vez, cerca de doze trilhões de anos atrás", começa uma das inúmeras anedotas às quais, pelo jeito, dedicava zero reflexão prévia. Ele não criou uma religião, simplesmente. Ele *improvisou* uma. Mal, muito mal. E funcionou! Isso, sim, é confiança — ainda que empregada de forma tão infeliz.

Para reiterar: a lição não é que devemos fundar uma religião, mas que se até um falastrão como Hubbard o fez, então talvez seja possível empreender qualquer projeto sobre o qual tenhamos dúvida — e não há motivos para não sermos nós a fazer fortuna ou uma diferença duradoura no mundo como resultado. Da mesma forma, se você está pensando numa mudança radical para sua vida — viajar pelo mundo na meia-idade, digamos, ou educar os filhos fora do sistema escolar —, há uma boa chance de que consiga reunir os recursos e dar um jeito. Só não espere ter a sensação de saber o que está fazendo. Ninguém a tem, é assim que a vida funciona quando humanos finitos tentam coisas novas. A principal diferença entre as pessoas que realizam grandes feitos apesar das circunstâncias e as demais é que as primeiras não se importam em não saber. Elas não são menos imperfeitas ou limitadas do que você. Tudo o que fizeram, fizeram como humanos.

Vigésimo Oitavo Dia
O que importa
Sobre encontrar seu caminho

> *Diz-se que o rabino Simcha Bunim carregava dois pedaços de papel, um em cada bolso. Num deles, escreveu: Bishvili nivra ha'olam — "o mundo foi criado em meu nome". No outro, escreveu: V'anokhi afar v'aefer — "não passo de pó e cinzas". Ele sacava os papeizinhos do bolso conforme a necessidade, como um lembrete a si mesmo.*
> Toba Spitzer

Em suas *Meditações*, Marco Aurélio recomenda um exercício mental que hoje podemos chamar de "distanciamento": sempre que você se sentir ansioso ou sobrecarregado — ou muito cheio de si —, tente expandir sua consciência a partir da realidade do espaço que você ocupa para o mundo como um todo. Isso o ajudará a pôr as coisas em perspectiva. Outro exercício, ainda mais poderoso, é considerar seu momento no tempo em contraste ao plano das eras:

Reflete frequentemente sobre a rapidez do movimento e do fenecimento dos seres e dos acontecimentos. Pois a substância é como um rio em fluxo contínuo, as ações estão em constante transformação, e suas causas são de miríades de espécies. E praticamente nada permanece, mesmo o que nos é próximo, mas infinita é a imensidão tanto do passado como do futuro, na qual tudo desaparece. Então como pode não ser tolo aquele que se envaidece, ou se deixa arrastar, ou se indigna com aquilo que o incomoda como se fosse durar por muito tempo?

Sempre me surpreendo com a tranquilidade que me domina quando lembro-me de minha quase total falta de importância no contexto amplo do universo. É de se imaginar que tais reflexões possam ser deprimentes ou desencorajadoras. Mas, para mim, são libertadoras, o fardo desaparece de meus ombros e consigo respirar. Como diz um mestre espiritual, a realidade não precisa da minha ajuda para funcionar. Ela acontece muito bem sozinha, obrigado. O que seria óbvio — exceto pelo fato de que o estresse associado aos esforços para resolver nossos pequenos problemas parece insinuar o contrário.

Mas isso suscita uma questão preocupante: se nada do que fazemos tem significado, uma vez obtido distanciamento suficiente, qual o sentido de fazer o que quer que seja?

Chegamos ao fim da jornada pela finitude. Ao longo das quatro últimas semanas, vimos o que significa aceitar que sempre teremos coisas demais para fazer e que o futuro nunca estará em nosso controle. Examinamos o papel de ações ousadas e imperfeitas no cerne de uma existência finita, mas gratificante; o fato de que, na maioria das vezes, o mais sábio a se fazer é abrir espaço e deixar que a realidade aconteça; e o resultado de abraçar a vida em todas as suas limitações. Entretanto, apesar de tudo, furtei-me ao que alguns enxergam como meu único dever num livro como este: explicar quais projetos, atividades, relacionamentos e experiências tornam a vida mais significativa. A questão é que, no seu caso, não faço a mínima ideia — e estou certo de que é intrínseco para o valor de qualquer resposta que cada um a encontre por si mesmo. Existem poucas maneiras mais confiáveis de destruir qualquer percepção de significado, ou a sensação de vitalidade e entusiasmo que Hartmut Rosa chama de ressonância, do que tentar implementar uma lista de "Maneiras Gratificantes de Viver" pré-montada por algum livro. Além do mais, as listas são sempre as mesmas: cultive relacionamentos, busque metas desafiadoras, passe um tempo na natureza, dê margem para a diversão. Você já sabe dessas coisas. Se seguir uma lista bastasse, já teríamos resolvido o mistério da felicidade humana há muito tempo.

E, portanto, não concluirei este livro com a revelação do sentido da vida. Mas tenho algumas considerações a fazer.

A primeira é que não é certo deduzir, a partir de nossa insignificância cósmica como indivíduos, que nossas ações não importam. A ideia de que as coisas só têm relevância nas escalas mais vastas não passa de outra expressão do desconforto com a finitude: aceitar que nossa importância seja apenas transitória ou local exige o confronto com nossas limitações e com nossa mortalidade. Assim, para evitar o desagradável, como explica o filósofo Iddo Landau, nos inclinamos para um padrão desnecessariamente exagerado do que é importante, desmoralizados quando nossas realizações não se mostram à altura. Sentimo-nos pressionados a fazer o extraordinário em nossas vidas, a alcançar o mais elevado patamar de mérito ou a agir para sermos sempre aplaudidos pelas pessoas — mesmo sendo verdade que apenas alguns de nós podem ser extraordinários em determinadas áreas. (Se todo mundo se destacasse na multidão, não haveria multidão da qual se destacar.) Por que uma carreira anônima dedicada a ajudar algumas pessoas não deveria ser considerada uma maneira significativa de viver? Por que uma conversa envolvente, um gesto de bondade, uma caminhada revigorante não deveriam contar? Por que adotar uma definição que exclua tais ações?

Também é esclarecedor perceber se nossas teorias intelectuais sobre o que importa desmoronam diante da percepção intuitiva de que o que estamos fazendo é significativo. Danem-se as teorias. O escritor Charles Eisenstein conta a história de um amigo, ativista proeminente, que abandonou a vida pública para cuidar da sogra de 95 anos. Eisenstein imagina a repercussão da situação entre outros ativistas: como ele justificava esse uso de tempo num mundo tão ameaçado? Já vi argumentos similares feitos por pessoas temerosas de que a inteligência artificial destruirá a humanidade: se houver uma chance modesta de que isso seja verdade, como alguém poderia passar seu tempo finito se preocupando com outras coisas? Sem dúvida, a resposta é que às vezes simplesmente sabemos que o que fazemos é importante. Longe de querer usar cálculos utilitários para tentar suprimir o sentimento, pelo contrário, acho que temos uma obrigação em relação a ele. Talvez retenha mais sabedoria do que nosso raciocínio limitado consegue captar. Não hesito em afirmar que se de qualquer sistema de valores resultar que cuidar de uma idosa de 95 anos é perda de tempo, o problema reside no sistema de valores e não no gesto.

Existe mais um pressuposto que tendemos a não questionar quando contemplamos o que importa: a ideia sutil de que estamos separados do resto da realidade. (Como vimos no "Quarto Dia", muitas vezes usamos a produtividade para reconquistar nosso direito ao pertencimento.) Nesse sentido, adentramos o mundo como indivíduos solitários, e é como indivíduos solitários que, afinal, devemos lidar com o desafio de usar o tempo — ainda que priorizemos os relacionamentos, a solidariedade política ou a contribuição comunitária. Contudo, como o filósofo zen Alan Watts observa, faz tanto sentido quanto afirmar que viemos do mundo que, assim como uma árvore floresce, o universo "povoa". Somos a expressão disso. Nosso próprio ser é inseparável do contexto ou, como diz Thich Nhat Hanh, "intersomos". Minha existência seria impossível sem as incontáveis coisas e pessoas que, na correria do dia a dia, vejo como separadas de mim. É capaz que a expressão máxima de nossa finitude esteja no fato de sermos elementos inseparáveis do mundo, gostemos ou não. Nesse caso, talvez nossa responsabilidade não seja abraçá-lo nem nos justificar diante dele, mas personificar da maneira mais completa possível nossa condição de expressão momentânea.

Não faz sentido julgar nossas atividades pelos padrões inatingíveis de um deus, tampouco nos culpar por não exercermos mais do que um impacto minúsculo num todo imenso. Em primeiro lugar, não há motivo para que "ter sucesso" seja o objetivo de todos os nossos esforços — e menos ainda para imaginar que é possível obter alguma segurança em relação às crises que assolam o planeta e que, sem dúvidas, continuarão por muitos anos depois de partirmos. Em vez disso, devemos nos entregar a tarefas que importem por nenhum outro motivo além de serem mais animadoras e legítimas na situação em que nos encontramos. Devemos agir no espírito imperfeccionista do ecofilósofo Derrick Jensen, que diz: "A vantagem de tudo estar tão fodido é que, para onde quer que olhemos, há um enorme trabalho a ser feito".

Poderíamos muito bem nunca ter nascido, mas o destino nos concedeu a chance de enredar na confusão do mundo a nossa volta. Estamos aqui. Esta realidade é tudo o que temos. Não somos de muita importância — entretanto, cada um de nós é importante da mesma forma que qualquer outra pessoa um dia já foi. O rio do tempo segue fluindo e por mais espantoso, caótico e maravilhoso que seja, temos a breve oportunidade de passear de caiaque por ele.

Epílogo
Imperfeitamente em frente

Aí estava o gato, adormecido. Pediu uma xícara de café, adoçou-o lentamente, experimentou-o (esse prazer lhe tinha sido proibido na clínica) e pensou, enquanto alisava a negra pelagem, que aquele contato era ilusório e que estavam como separados por uma vidraça, pois o homem vive no tempo, na sucessão, e o mágico animal, na atualidade, na eternidade do instante.
Jorge Luis Borges

Se você me acompanhou até aqui, não será devastador descobrir que, a despeito do subtítulo deste livro, não devemos esperar que as pessoas abracem seus limites por completo, confrontem a mortalidade e encontrem liberdade psicológica em somente quatro semanas. Promessas da autoajuda como "tanquinho de modelo em seis semanas!" ou "livre-se do estresse em trinta dias!" são quebradas com muito mais frequência do que são cumpridas, mas se tratando do imperfeccionismo, a situação piora: por definição, a jornada nunca está completa. Se eu dissesse que é possível completá-la, estaria alimentando a velha fantasia de uma vida sem problemas, só que um pouco mais sofisticada. A verdade é que nunca teremos certeza de que um desafio intransponível ou uma escolha infeliz não estejam logo ali, a nossa espera, ou ainda que os projetos que renovam nossas energias serão bem-sucedidos. A mestra espiritual Joan Tollifson chama nosso anseio por conclusões de "compulsão pelo desenlace", uma espécie de tique nervoso, bastante perdoável, que o mundo não consegue solucionar — e, portanto, devemos aprender a ocupar nosso lugar nele com mais sinceridade, relaxados, e como partes constituintes do fluxo incessante da realidade.

Fora o fato de que ninguém deve esperar transformar toda uma vida em quatro semanas, é surpreendentemente libertador entender que talvez nunca mudemos em alguns aspectos — e que não há problema nisso. O psicoterapeuta Bruce Tift sugere a seguinte reflexão: escolha uma característica particular sua ou de sua vida que mais o incomoda — a tendência a procrastinar ou a se distrair, o pavio curto ou a propensão ao desânimo — e, a seguir, pense em como se sente ao imaginar uma dessas versões de você te assombrando até o fim dos dias. Mas e se sempre nos sentirmos ansiosos — com aquele nó no estômago, a respiração entrecortada — em relação a eventos sem importância que não justificam a intensidade da reação? Meu primeiro reflexo é o abatimento, mas logo depois vem o alívio. Devo abrir mão dessa luta vã, não preciso esperar vencê-la para encarar a realidade. Talvez, mudança alguma seja necessária para justificar minha existência. Talvez, a escolha de levar uma vida repleta de significados tenha estado ao meu alcance esse tempo todo.

Sobre uma questão similar: se você achou este livro inspirador de algum modo, pode ficar tentado, na atual conjuntura, a se decidir por um recomeço, declarando que a partir de hoje — ou da semana que vem, assim que você se livrar de vários assuntos urgentes — passará a fazer tudo diferente. Vale a pena resistir a esse impulso: trata-se de uma atitude perfeccionista em relação ao imperfeccionismo, uma receita para a decepção. Nossas limitações impossibilitam os recomeços, afinal, já estamos aqui, em um ponto no tempo, moldados por tudo o que antecedeu este momento, cada um com a personalidade, os recursos e os desafios que calhamos de ter. Usar toda sua força de vontade e insistir em deixar tudo isso para trás não mudará muita coisa. Por outro lado, aceitar que somos quem somos e estamos onde estamos pode mudar tudo, permitindo-nos abandonar o sonho do recomeço e realizar, hoje, as coisas que realmente importam — e que fazem a vida recuperar a ressonância.

Claro, seria ótimo não ter de se preocupar com nada disso. Há algo a ser invejado na vida interna do gato imaginado por Borges: como a maioria dos animais não humanos, pelo menos até onde sabemos, ele vive apenas o aqui e o agora, sem ser capaz de contemplar qualquer outra realidade. Os seres humanos podem conquistar muito mais coisas do que os gatos e, provavelmente, têm uma gama muito mais rica de emoções. Mas também pagamos o preço de enfrentar duras verdades: de que morreremos, de que a vida transcorre momento após momento e de que cada um deles representa uma escolha conflitante sobre o tempo — e o entendimento de que as escolhas angustiantes e o sacrifício de caminhos alternativos são inevitáveis —, de que nunca alcançaremos a invulnerabilidade emocional nem desfrutaremos da sensação de controle absoluto.

Como imperfeccionista, você não precisa fingir que a vida está livre de períodos de angústia, tristeza, solidão, confusão ou desespero. Mas também já não se esforça tanto quanto antes para se convencer de que as coisas não podem ser diferentes ou de que a existência humana deveria ser outra. Em vez disso, decide largar o fardo impossível — e continuar a largá-lo sempre que perceber, como acontecerá com frequência, que inadvertidamente o colocou mais uma vez sobre os ombros. E assim seguimos na vida com mais vigor, com a mente mais tranquila, mais abertos para os outros e, em nossos melhores dias, com a alegria que vem de experenciar o ar renovador da realidade.

Agradecimentos

Cada vez mais tenho a sensação de que o processo de escrever um livro não tem nada a ver com decidir o que queremos que ele seja, mas com tentar descobrir o que *ele* quer ser. Ainda não consigo acreditar em minha boa sorte quando penso nas pessoas com quem tenho o privilégio de trabalhar. Este projeto ganhou vida por meio de uma série de conversas com o sábio e espirituoso Robin Parmiter e de muitas mensagens trocadas com os leitores da minha newsletter. Obrigado. Eu não teria chegado a lugar algum sem minhas agentes soberbas, Claire Conrad e Melissa Flashman, que são inigualáveis em construir pontes entre as minhas ideias e a materialidade das coisas no mundo real. Tive o enorme prazer de colaborar, mais uma vez, com Stuart Williams na The Bodley Head e com Eric Chinski na Farrar, Straus and Giroux: o que escrevi ficou cada vez melhor por conta de seus insights e conselhos editoriais, sua atenção generosa e sua insistência cordial, mas firme, em esclarecer meus pensamentos e argumentos. A criatividade e o conhecimento de muitos de seus colegas também foram indispensáveis. Agradeço, ainda, a Emma Brockes, Merope Mills e Rachael Parmiter.

Sou o mais sortudo de todos os homens por contar com o amor, a amizade e a sabedoria de Heather Chaplin, que fez verdadeiros sacrifícios por este livro, e Rowan Burkeman, que é simplesmente fantástico. Eles são meus melhores lembretes do que importa de verdade e do fato de que a vida existe para nos deleitarmos, não para nos preocuparmos a todo instante. Qualquer energia genuína que possa ser encontrada nestas páginas deve-se tanto a eles quanto a mim.

Leituras adicionais

PRIMEIRA SEMANA: SENDO FINITO

A ideia de que o verdadeiro problema não é a finitude, mas a luta para *fugir* dessa condição, é um tema recorrente em textos zen. Recomendo a empolgante coleção Nothing Special: Living Zen [Nada especial: Vivendo zen], de Charlotte Joko Beck. Joan Tollifson aborda o tópico de uma perspectiva eclética num livro maravilhosamente intitulado *Death: The End of Self-Improvement* [Morte: O fim do autoaperfeiçoamento], enquanto Kelly Kapic investiga a relevância da questão para os cristãos em *You're Only Human: How Your Limits Reflect God's Design and Why That's Good News* [Você é apenas um ser humano: Como seus limites refletem o projeto divino e por que isso é uma boa notícia]. (Outro livro cristão com dicas de produtividade que abraçam a finitude sem depender de nenhuma crença religiosa específica é *Redimindo o seu tempo*, de Jordan Raynor.) Se você é do tipo que gosta de banhos frios e triatlos, pode tentar explorar *Ser e tempo*, de Martin Heidegger, embora eu tenha recorrido a *Heidegger:*

An Introduction [Heidegger: Uma introdução], de Richard Polt, e às palestras de Hubert Dreyfus disponíveis no YouTube. A noção de que somos livres para fazer o que quisermos, desde que estejamos dispostos a enfrentar as consequências, vem do adorável livro de Sheldon Kopp, *If You Meet the Buddha on the Road, Kill Him! — The Pilgrimage of Psychotherapy Patients* [Se você encontrar o Buda na estrada, mate-o! — A peregrinação dos pacientes da psicoterapia], e a visão existencialista de que o significado deriva de assumirmos a responsabilidade por nossas ações está no reflexivo livro de autoajuda de Sara Kuburic, *Só depende de mim: Como conhecer e aceitar a si mesmo e viver com autenticidade e sentido*. (Para uma melhor introdução ao ambiente e à mensagem dos existencialistas, ver *No café existencialista: O retrato da época em que a filosofia, a sensualidade e a rebeldia andavam juntas*, de Sarah Bakewell.) O livro de Robert Saltzman, *The Ten Thousand Things* [As dez mil coisas], é a fonte das observações aqui citadas sobre nossa incapacidade de controlar o futuro e está cheio de percepções igualmente incisivas e pragmáticas sobre a vulnerabilidade da nossa condição.

SEGUNDA SEMANA: AGINDO

Recomendar livros sobre como agir é um jogo arriscado, pois qualquer orientação pode ser usada como pretexto para lermos outro livro sobre como agir em vez de agir de fato. Isso posto, títulos sobre o tema que me ajudaram a partir para a ação incluem *Time Warrior* [Guerreiro do tempo], de Steve Chandler, e *The Art of Taking Action: Lessons from Japanese Psychology* [A arte de agir: Lições da psicologia japonesa], de Gregg Krech. Muitos princípios da produtividade que admitem a finitude estão sintetizados no sistema de gestão de tempo conhecido como kanban, descrito de forma clara em *Personal Kanban: Mapping Work/Navigating Life* [Kanban pessoal: Mapeando o trabalho/navegando na vida], de Jim Benson e Tonianne DeMaria; eles têm algo em comum com o conselho de Cal Newport sobre dividir projetos em "ativos" e "esperando para serem ativados", que é uma das pérolas de seu livro *Slow Productivity: The Lost Art of Accomplishment Without Burnout* [Produtividade lenta: A arte perdida das realizações sem burnout]. Zen e gestão de tempo se unem em *Time Surfing: The Zen Approach to Keeping Time on Your Side* [Surfando no tempo: A abordagem zen para manter o tempo a seu favor], de Paul Loomans, que contém uma quantidade impressionante de sabedoria para um livro tão curto. Qualquer pessoa paralisada de ansiedade com um projeto assustador deve ler o ensaio de Virginia Valian, "Learning to Work" [Aprendendo a trabalhar], disponibilizado em seu site: virginiavalian.org. Já *Rest: Why You Get More Done When You Work Less* [Descansar: Por que você produz mais quando trabalha menos], de Alex Soojung-Kim Pang, cumpre a promessa em seu subtítulo e deve convencê-lo de que uma produtividade impressionante não requer investimentos sobre-humanos de tempo. Para descobrir o que devemos fazer com nosso tempo — e encontrar consolo e lucidez em períodos de confusão ou desespero —, recomendo o trabalho de James Hollis. Minha introdução a seus textos foi por *Finding Meaning in the Second Half of Life: How to Finally, Really Grow Up* [Encontrando sentido na segunda metade da vida: Como, enfim, realmente crescer].

TERCEIRA SEMANA: DEIXANDO PRA LÁ

Sobre a arte de deixar a vida acontecer, o texto dos textos, sem dúvidas, é o *Tao Te Ching*, escrito por Lao-Tzu — ou, na verdade, por um grupo de autores antigos hoje conhecidos como Lao-Tzu, "o Velho Mestre". A filosofia taoista de "ação sem esforço", diametralmente oposta a muitos conselhos de vida contemporâneos, também é explorada em três livros mais modernos e um pouco menos poéticos: *Effortless Living: Wu-Wei and the Spontaneous State of Natural Harmony* [Vida sem esforço: Wu-wei e o estado espontâneo de harmonia natural], de Jason Gregory, *Trying Not to Try: The Art and Science of Spontaneity* [Tentando não tentar: A arte e a ciência da espontaneidade], de Edward Slingerland, e *Tao: The Watercourse Way* [Tao: O caminho da água], de Alan Watts. A discussão de Iddo Landau sobre a "regra de ouro inversa", e a crueldade extra reservada aos momentos em que falamos com nós mesmos, vem de seu livro *Finding Meaning in an Imperfect World* [Encontrando significado em um mundo imperfeito], um repositório de percepções sobre como conquistar uma vida significativa a partir da situação em que nos encontramos. Recentemente, as melhores palavras práticas sobre a autoaceitação como caminho para realizar boas ações estão em *Grande magia: Vida criativa sem medo*, de Elizabeth Gilbert. O livro longo de título curto de Hartmut Rosa, *Resonance* [Ressonância], e seu livro curto de título longo, *The Uncontrollability of the World* [A incontrolabilidade do mundo], foram ambos essenciais para mim ao escrever este livro, e acho que sua análise sobre o que torna a vida moderna tão insatisfatória para tantas pessoas merece ser lida com atenção. O livro de Stephen Lloyd Webber, *Deep Freewriting: How to Masterfully Navigate the Creative Flow* [Freewriting profundo: Como navegar pelo fluxo criativo com maestria], transmite perfeitamente os benefícios psicológicos da prática. Um dia, tentarei a maratona de freewriting de 24 horas recomendada por ele.

QUARTA SEMANA: MARCANDO PRESENÇA

A ideia de que a finitude humana, em última análise, torna absurdo viver apenas em prol do nosso eu do futuro é reforçada com impacto singular no livro *Life is Short: An Appropriately Brief Guide to Making It More Meaningful* [A vida é curta: Um guia apropriadamente breve para torná-la mais significativa], de Dean Rickles. Sheryl Paul explora uma perspectiva complementar — o que nossa ansiedade tem a nos ensinar sobre viver melhor o momento presente — em *The Wisdom of Anxiety: How Worry and Intrusive Thoughts Are Gifts to Help You Heal* [A sabedoria da ansiedade: Como a preocupação e os pensamentos intrusivos são presentes para ajudá-lo a curar-se]. *Vida contemplativa ou sobre a inatividade*, de Byung-Chul Han, destaca a natureza frenética e evasiva de muitas das coisas chamadas de produtividade, enquanto o livro de Elizabeth Oldfield, *Fully Alive: Tending to the Soul in Turbulent Times* [Plenamente vivos: Cuidando da alma em tempos turbulentos], é um relato sábio e caloroso sobre o significado de uma vida mais completa. Outra vez, para mim, a tradição zen mostrou-se indispensável em sentir o que significa estar por completo na realidade presente; mencionarei aqui, sobretudo, *Opening the Hand of Thought: Foundations of Zen Buddhist Practice* [Abrindo a mão do pensamento: Fundamentos da prática zen-budista], de Kōshō Uchiyama; *Being-Time: A Practitioner's Guide to Dogen's Shobogenzo Uji* [Ser-tempo: Um guia do praticante para o Shobogenzo Uji de Dogen], de Shinshu Roberts; e as obras de John Tarrant, sobretudo *Bring Me the Rhinoceros: And Other Zen Koans That Will Save Your Life* [Traga-me o rinoceronte: E outros koans zen que salvarão sua vida]. *Low Anthropology: The Unlikely Key to a Gracious View of Others (and Yourself)* [Antropologia baixa: A chave improvável para uma visão generosa dos outros (e de si mesmo)], de David

Zahl, é um guia libertador para levarmos uma vida finita em condescendente comunhão. Sem dúvida há inúmeros outros livros valiosos sobre todos esses tópicos. Quem dera houvesse tempo para ler todos eles.

Créditos das citações

Eugene Gendlin, *Focusing*. Nova York: Everest House/ The International Focusing Institute, 1978.
Sheldon Kopp, *If You Meet the Buddha on the Road, Kill Him!: The Pilgrimage of Psychotherapy Patients*. Nova York: Bantam, 1982.
Madame Curie e Eve Curie, Carta ao irmão, 18 mar. 1894. Trad. de Vincent Sheean. Londres: William Heinemann Ltd., 1938.
Umberto Eco, *How to Travel with a Salmon: And Other Essays*. Trad. de William Weaver. San Diego: Harcourt, 1994. Trad. parcial de *Il secondo diario minimo* (1992).
William James, *The Principles of Psychology*, 1890.
Horácio, *Selected Poems, Odes*. Trad. de Derek Mahon em *The Adaptations* (Oldcaste: The Galery, 2022). Com a gentil permissão da editora e do espólio do tradutor. [Ed. bras.: *Odes*. Trad. de Pedro Braga Falcão. São Paulo: Editora 34, 2021.]
Stephen Cope, *The Great Work of Your Life*. Nova York: Penguin Random House, 2012.
Robert Frost, "The Road Not Taken". In: *Atlantic Monthly*, ago. 1915. [Ed. bras.: *Poemas escolhidos de Robert Frost*. Trad. de Marisa Murray. Rio de Janeiro: Lidador, 1969.]

Sarah Manguso, excertos de *300 Arguments: Essays*. Copyright © 2017 Sarah Manguso. Reimpresso com a autorização de The Permissions Company, LLC, em nome de Graywolf Press, Minneapolis, Minnesota, graywolfpress.org.

São Bento, *The Rule of St. Benedict in English*. Trad. de Timothy Fry. Collegeville: Liturgical Press, 1982.

Leonard Woolf, *Beginning Again: An Autobiography of the Years 1911 to 1918*. Nova York: Harcourt, 1964. Com a permissão da Universidade de Sussex e da Society of Authors como representantes literários do espólio de Leonard Woolf.

Adam Phillips, "Against Self-Criticism". *London Review of Books*, v. 37, n. 5, 5 mar. 2015.

Adam Smith, *An Inquiry into the Nature and Causes of the Wealth of Nations*. Londres: W. Strahan & T. Cadell, 1776. [Ed. bras.: *A riqueza das nações*. Trad. de Norberto de Paula Lima. São Paulo: Nova Cultural, 2017.]

Whitney Cummings, *The Tim Ferriss Show*, episódio 84. Copyright © 2007-2018 Tim Ferriss. Todos os direitos reservados. Reproduzido com a permissão de Tim Ferriss.

Ann Patchett, *What Now?*. Nova York: Harper, 2008.

Annie Dillard, *The Writing Life*. Nova York: Harper Perennial, 1998.

C. S. Lewis, *The Collected Letters of C. S. Lewis, v. II*. Nova York: HarperOne. Copyright © 2004 C. S. Lewis Pte Ltd.

Walter Benjamin et al., "Fruits of Exile, 1938, Berlin Childhood around 1900". In: Walter Benjamin, *Selected Writings: 1935-1938*. Cambridge: Belknap Press, 1996.

Marie-Louise von Franz, *The Problem of the Puer Aeternus*. Thompson: Spring Publications, 1970. Copyright © 1970, Marie-Louise von Franz. © 1970 Spring Publications. © 2012 Stiftung für Jung'sche Psychologie and Paul & Peter Fritz AG, Literary Agency.

Mary Randolph Carter, *A Perfectly Kept House is the Sign of a Misspent Life*. Nova York: Rizzoli International, 2010.

Georg Wilhelm Fredrich Hegel, *Science of Logic*. Trad. de Oliver Burkeman. Atlantic Highlands: NJ Humanities, 1976. [Ed. bras.: *A ciência da lógica*. Trad. de Christian Iber. Petrópolis: Vozes, 2016.]

Emil Cioran, *All Gall is Divided*. Trad. de Richard Howard. Nova York: Arcade, 1999. Ed. original: *Syllogismes de l'amertume*. Paris: Gallimard, 1952.

Toba Spitzer, "Two Pockets". Disponível em: <https://www.dorsheitzedek.org/divrei-torah/rabbi-toba-spitzer?post_id=358114>.

Jorge Luis Borges, *Collected Fictions*. Trad. de Andrew Hurley. Nova York: Penguin Books, 1999. [Ed. bras.: *Ficções*. Trad. de Davi Arrigucci Jr. São Paulo: Companhia das Letras, 2007.]

Marion Woodman e Jill Mellick, *Coming Home to Myself: Daily Reflections for a Woman's Body and Soul*. Newburyport: Conari, 1998. Reproduzido com a permissão de Red Wheel/Weiser, LLC.

Anthony de Mello, excerto de *One Minute Wisdom*. Nova York: Doubleday, 1985. Copyright © 1985 Anthony de Mello, S. J. Com a permissão da Doubleday, selo do Knopf Doubleday Publishing Group, uma divisão da Penguin Random House LLC. Todos os direitos reservados.

Agnes Martin, Lecture, ICA, 14 fev. 1973, por ocasião da exposição "Agnes Martin", realizada no Instituto de Arte Contemporânea da Universidade da Pensilvânia, 22 jan.-1 mar. 1973. Agnes Martin/Artists Rights Society (ARS), Nova York.

Joanna Macy, "Schooling Our Intention". In: *Trycicle: The Buddhist Review*, v. 3, n. 2, 1993.

James Hollis, excertos de *What Matters Most: Living a More Considered Life*. Nova York: Avery, 2009. Copyright © 2009 James Hollis. Com a permissão de Gotham Books, selo do

Penguin Publishing Group, uma divisão da Penguin Random House LLC. Todos os direitos reservados.

Carl Gustav Jung, *Modern Man in Search of a Soul*. Trad. de W. S. Dell e Cary F. Baynes. Londres: Routledge, 2001. Copyright © 1933 © 1933 Harcourt Brace © 1933 Kegan Paul, Trench, Trübner & Co © 2009 Fundação das Obras de C. G. Jung, Zurique. Com a permissão de Taylor & Francis Group por meio da PLSclear and Paul & Peter Fritz AG, Literary Agency. [Ed. bras.: *Memórias, sonhos, reflexões*. Trad. de Dora Ferreira da Silva, org. de Aniela Jaffé. Rio de Janeiro: Nova Fronteira, 2021.]

Kōshō Uchiyama Roshi, *Opening the Hand of Thought: Approach to Zen*. Trad. de Shōhaku Okumur e Tom Wright. Nova York: Penguin, 1994.

John Tarrant, *Bring Me the Rhinoceros: And Other Zen Koans That Will Save Your Life*. Boulder: Shambhala, 2004. Copyright © 2004, 2008 John Tarrant. Reimpresso por um acordo com The Permissions Company, LLC em nome da Shambhala Publications Inc.

Samuel Butler, discurso no Somerville Club, 27 fev. 1895. In: R. A. Streatfield, *Essays on Life, Art and Science*. Londres: Grant Richards: 1904.

Marco Aurélio, *The Thoughts of the Emperor M. Aurelius Antonius*. Trad. de George Long. Filadélfia: Henry Altemus Company, 1862. [Ed. bras.: *Meditações*. Trad. de Aldo Dinucci. São Paulo: Penguin/ Companhia das Letras, 2024.]

Índice de aflições

Consulte este catálogo, em ordem alfabética de problemas, para encontrar os capítulos relevantes para cada um.

Alienação
    Pare de ser condescendente com seu eu do futuro: Sobre ocupar o tempo e o espaço por completo, p. 133
    Viver não é acumulável: Sobre deixar que os momentos passem, p. 149

Anseio por controle
    É pior do que pensamos: Sobre a sensação libertadora da derrota, p. 25
    Três horas: Sobre se concentrar em meio ao caos, p. 87
    Bons momentos ou uma boa história: Sobre as vantagens da imprevisibilidade, p. 116

Ansiedade
    Contra a dívida de produtividade: Sobre o poder de uma "lista de coisas feitas", p. 40
    Que o futuro seja o futuro: Sobre deixar para lidar com os problemas quando chegarem, p. 56
    Cada um com seus problemas: Sobre cuidar da própria vida, p. 111

Apreensão
    É necessário apenas enfrentar as consequências: Sobre pagar o preço, p. 35
    É impossível se importar com tudo: Sobre permanecer são em um mundo caótico, p. 51

Vá ao "quartinho da bagunça" e pronto: Sobre afeiçoar-se ao que você teme, p. 77

E se fosse fácil?: Sobre o falso fascínio do esforço, p. 97

Autocrítica

Contra a dívida de produtividade: Sobre o poder de uma "lista de coisas feitas", p. 40

A regra de ouro inversa: Sobre não ser seu pior inimigo, p. 103

Pare de ser condescendente com seu eu do futuro: Sobre ocupar o tempo e o espaço por completo, p. 133

Bloqueio de escritor

É pior do que pensamos: Sobre a sensação libertadora da derrota, p. 25

Três horas: Sobre se concentrar em meio ao caos, p. 87

Estabeleça metas quantitativas: Sobre demitir seu controle de qualidade interior, p. 121

Coisas demais para fazer

É pior do que pensamos: Sobre a sensação libertadora da derrota, p. 25

Contra a dívida de produtividade: Sobre o poder de uma "lista de coisas feitas", p. 40

Excesso de informação: Sobre a arte de ler e de não ler, p. 46

Como fazer da sanidade o ponto de partida: Sobre se poupar para o presente, p. 139

Correria ver Pressa

Culpa

É necessário apenas enfrentar as consequências: Sobre pagar o preço, p. 35

Contra a dívida de produtividade: Sobre o poder de uma "lista de coisas feitas", p. 40

A regra de ouro inversa: Sobre não ser seu pior inimigo, p. 103

Não fique no caminho da generosidade: Sobre a futilidade de tentar "ser uma pessoa melhor", p. 108

Desempoderamento

É necessário apenas enfrentar as consequências: Sobre pagar o preço, p. 35

É impossível se importar com tudo: Sobre permanecer são em um mundo caótico, p. 51

E se fosse fácil?: Sobre o falso fascínio do esforço, p. 97

Desespero com o estado do mundo

É impossível se importar com tudo: Sobre permanecer são em um mundo caótico, p. 51

Desespero em geral
   É pior do que pensamos: Sobre a sensação libertadora da derrota, p. 25
   Descubra sua tarefa de vida: Sobre o que a realidade quer, p. 72
Desmotivação
   Ao encalço das decisões: Sobre escolher um caminho na floresta, p. 63
   E se fosse fácil?: Sobre o falso fascínio do esforço, p. 97
   C'est fait par du monde: Sobre tentar, p. 158
Desorientação
   Descubra sua tarefa de vida: Sobre o que a realidade quer, p. 72
   O que importa: Sobre encontrar seu caminho, p. 162
Distração
   Excesso de informação: Sobre a arte de ler e de não ler, p. 46
   Três horas: Sobre se concentrar em meio ao caos, p. 87
   O que é uma interrupção, afinal?: Sobre a importância das distrações, p. 126

Falta de sentido
   Descubra sua tarefa de vida: Sobre o que a realidade quer, p. 72
   Inconcebível: Sobre o consolo da dúvida, p. 153
   O que importa: Sobre encontrar seu caminho, p. 162

Impotência *ver* Desempoderamento
Improdutividade
   Contra a dívida de produtividade: Sobre o poder de uma "lista de coisas feitas", p. 40
   Ao encalço das decisões: Sobre escolher um caminho na floresta, p. 63
   Regras a serviço da vida: Sobre fazer as coisas "quase diariamente", p. 82
   Três horas: Sobre se concentrar em meio ao caos, p. 87
Inconsistência
   Regras a serviço da vida: Sobre fazer as coisas "quase diariamente", p. 82
Indecisão
   É necessário apenas enfrentar as consequências: Sobre pagar o preço, p. 35
   Ao encalço das decisões: Sobre escolher um caminho na floresta, p. 63
   Descubra sua tarefa de vida: Sobre o que a realidade quer, p. 72
Inércia
   Bons momentos ou uma boa história: Sobre as vantagens da imprevisibilidade, p. 116
   Pare de ser condescendente com seu eu do futuro: Sobre ocupar o tempo e o espaço por completo, p. 133
   Viver não é acumulável: Sobre deixar que os momentos passem, p. 149

Insegurança
    Contra a dívida de produtividade: Sobre o poder de uma "lista de coisas feitas", p. 40

    Que o futuro seja o futuro: Sobre deixar para lidar com os problemas quando chegarem, p. 56

Interrupções
    O que é uma interrupção, afinal?: Sobre a importância das distrações, p. 126

Irritabilidade
    Crie gosto pelos problemas: Sobre nunca chegar a uma fase livre de preocupações, p. 91

    O que é uma interrupção, afinal?: Sobre a importância das distrações, p. 126

Mania de evitar
    Caiaques e superiates: Sobre realmente fazer algo, p. 30

    Vá ao "quartinho da bagunça" e pronto: Sobre afeiçoar-se ao que você teme, p. 77

Mania de postergar
    Caiaques e superiates: Sobre realmente fazer algo, p. 30

    Pare de ser condescendente com seu eu do futuro: Sobre ocupar o tempo e o espaço por completo, p. 133

    Como fazer da sanidade o ponto de partida: Sobre poupar para o presente, p. 139

Medo de agir
    É necessário apenas enfrentar as consequências: Sobre pagar o preço, p. 35

    Ao encalço das decisões: Sobre escolher um caminho na floresta, p. 63

    E se fosse fácil?: Sobre o falso fascínio do esforço, p. 97

Medo do futuro
    É impossível se importar com tudo: Sobre permanecer são em um mundo caótico, p. 51

    Que o futuro seja o futuro: Sobre deixar para lidar com os problemas quando chegarem, p. 56

Mesquinhez
    Não fique no caminho da generosidade: Sobre a futilidade de tentar "ser uma pessoa melhor", p. 108

Negócios inacabados
    Termine o que começou: Sobre a magia das coisas concluídas, p. 68

    Vá ao "quartinho da bagunça" e pronto: Sobre afeiçoar-se ao que você teme, p. 77

Paralisia da análise
    É necessário apenas enfrentar as consequências: Sobre pagar o preço, p. 35
    Ao encalço das decisões: Sobre escolher um caminho na floresta, p. 63
    Estabeleça metas quantitativas: Sobre demitir seu controle de qualidade interior, p. 121

Perfeccionismo
    É pior do que pensamos: Sobre a sensação libertadora da derrota, p. 25
    Caiaques e superiates: Sobre realmente fazer algo, p. 30
    Regras a serviço da vida: Sobre fazer as coisas "quase diariamente", p. 82
    A regra de ouro inversa: Sobre não ser seu pior inimigo, p. 103
    Estabeleça metas quantitativas: Sobre demitir seu controle de qualidade interior, p. 121

Pessimismo
    É pior do que pensamos: Sobre a sensação libertadora da derrota, p. 25
    É impossível se importar com tudo: Sobre permanecer são em um mundo caótico, p. 51
    C'est fait par du monde: sobre tentar, p. 158

Preocupação com a opinião alheia
    É necessário apenas enfrentar as consequências: Sobre pagar o preço, p. 35
    Cada um com seus problemas: Sobre cuidar da própria vida, p. 111
    "Hospitalidade desleixada": Sobre encontrar conexão nas falhas, p. 144

Preocupação com o futuro *ver* Medo do futuro

Pressa
    Contra a dívida de produtividade: Sobre o poder de uma "lista de coisas feitas", p. 40
    Que o futuro seja o futuro: Sobre deixar para lidar com os problemas quando chegarem, p. 56
    Como fazer da sanidade o ponto de partida: Sobre poupar para o presente, p. 139

Problemas de relacionamento
    É pior do que pensamos: Sobre a sensação libertadora da derrota, p. 25
    É necessário apenas enfrentar as consequências: Sobre pagar o preço, p. 35
    Cada um com seus problemas: Sobre cuidar da própria vida, p. 111

Problemas em geral
    É necessário apenas enfrentar as consequências: Sobre pagar o preço, p. 35
    Vá ao "quartinho da bagunça" e pronto: Sobre afeiçoar-se ao que você teme, p. 77
    Crie gosto pelos problemas: Sobre nunca chegar a uma fase livre de preocupações, p. 91

Procrastinação
    Caiaques e superiates: Sobre realmente fazer algo, p. 30
    Ao encalço das decisões: Sobre escolher um caminho na floresta, p. 63
    Vá ao "quartinho da bagunça" e pronto: Sobre afeiçoar-se ao que você teme, p. 77

Raiva
    Crie gosto pelos problemas: Sobre nunca chegar a uma fase livre de preocupações, p. 91
    O que é uma interrupção, afinal?: Sobre a importância das distrações, p. 126

Remorso
    Ao encalço das decisões: Sobre escolher um caminho na floresta, p. 63
    Bons momentos ou uma boa história: Sobre as vantagens da imprevisibilidade, p. 116
    Viver não é acumulável: Sobre deixar que os momentos passem, p. 146

Síndrome do impostor
    É pior do que pensamos: Sobre a sensação libertadora da derrota, p. 25
    A regra de ouro inversa: Sobre não ser seu pior inimigo, p. 103
    "Hospitalidade desleixada": Sobre encontrar conexão nas falhas, p. 144

Sobrecarga com a dificuldade das tarefas *ver* Coisas demais para fazer
Sobrecarga com a dificuldade dos desafios *ver* Apreensão
Sobrecarga de informação
    Excesso de informação: Sobre a arte de ler e de não ler, p. 46

Solidão
    O que é uma interrupção, afinal?: Sobre a importância das distrações, p. 126
    "Hospitalidade desleixada": Sobre encontrar conexão nas falhas, p. 144

Timidez
    C'est fait par du monde: Sobre tentar, p. 148

Tristeza como transição na vida
    Viver não é acumulável: Sobre deixar que os momentos passem, p. 49
    O que importa: Sobre encontrar seu caminho, p. 162

Tristeza em geral
    É impossível se importar com tudo: Sobre permanecer são em um mundo caótico, p. 51
    A regra de ouro inversa: Sobre não ser seu pior inimigo, p. 103

ESTA OBRA FOI COMPOSTA PELA ABREU'S SYSTEM EM INES LIGHT
E IMPRESSA EM OFSETE PELA LIS GRÁFICA SOBRE PAPEL PÓLEN NATURAL
DA SUZANO S.A. PARA A EDITORA SCHWARCZ EM ABRIL DE 2025

A marca FSC® é a garantia de que a madeira utilizada na fabricação do papel deste livro provém de florestas que foram gerenciadas de maneira ambientalmente correta, socialmente justa e economicamente viável, além de outras fontes de origem controlada.